大方廣佛華嚴經 讀誦

31

🪷 일러두기

1. 『독송본 한문·한글역 대방광불화엄경』은 실차난타가 한역(695~699)한 80권 『대방광불화엄경』의 한문 원문과 한글역을 함께 수록한 것이다. 한문에는 음사와 현토를 부기하였다.

2. 원문의 저본은 고종 2년(1865) 월정사에서 인경한 고려대장경 『대방광불화엄경』에 한암 스님이 현토(1949년)한 것을 범룡 스님이 영인 출판(1990년)한 『대방광불화엄경』이다.

3. 한문은 저본에서 누락되었거나 글자가 다르다고 판단된 부분은 저본인 고려대장경 각권의 말미에 교감되어 있는 내용을 중심으로 하고 봉은사판 『대방광불화엄경수소연의초』와 신수대장경 각주에서 밝힌 교감본을 참조하여 보입하고 수정하였다.

4. 한글 번역은 동국역경원에서 발간한 한글 『대방광불화엄경』(운허)을 중심으로 하고 『신화엄경합론』(탄허)과 『대방광불화엄경 강설』(여천무비) 그리고 최근의 여타 번역본 등을 참조하였다.

5. 저본의 원문에서 이체자의 경우 훈글이 제공하는 이체자는 그대로 살리고 훈글이 제공하지 않는 글자는 통용되는 정자로 바꾸었다. 예) 閒 → 閧 / 焔 → 餤 / 宫 → 宫 / 偁 → 稱

6. 한글 번역은 독송과 사경을 위하여 정확성과 아울러 가독성을 고려하였다. 극존칭은 부처님과 불경계에 대해서만 사용하였다.

7. 독송본의 차례는 일러두기 → 본문 → 화엄경 목차 → 간행사의 순차이다.
   (법공양판에는 간행사 다음에 간행불사 동참자를 밝혀 두었다.)

8. 독송본의 한글역은 사경의 편의를 도모하기 위해 그 편집을 달리하여 『사경본 한글역 대방광불화엄경』으로 함께 간행한다. 독송본과 사경본 모두 80권 『대방광불화엄경』의 권별 목차 순으로 간행한다.

독송본 한문 · 한글역

대방광불화엄경 제31권
大方廣佛華嚴經 卷第三十一

25. 십회향품 [9]
十迴向品 第二十五之九

실차난타 한역
수미해주 한글역

31

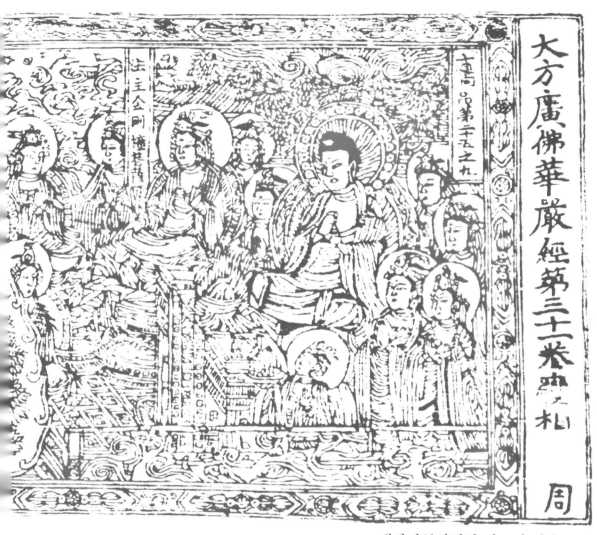

대방광불화엄경 제31권 변상도

대방광불화엄경
제31권

25. 십회향품 [9]

대방광불화엄경 권제삼십일
大方廣佛華嚴經 卷第三十一

십회향품 제이십오지구
十迴向品 第二十五之九

불자 　 운하위보살마하살　 무착무박해탈
佛子야 **云何爲菩薩摩訶薩**의 **無著無縛解脫**

회향
迴向고

불자 　 시보살마하살　 어일체선근　 심생존
佛子야 **是菩薩摩訶薩**이 **於一切善根**에 **心生尊**

대방광불화엄경 제31권

25. 십회향품 [9]

"불자들이여, 무엇을 보살마하살의 집착이 없고 속박이 없는 해탈의 회향이라 하는가?

불자들이여, 이 보살마하살이 일체 선근에 존중하는 마음을 낸다.

중
重하나니라

소위어출생사　심생존중　　어섭취일체선
所謂於出生死에 心生尊重하며 於攝取一切善

근　심생존중　　어희구일체선근　심생존
根에 心生尊重하며 於希求一切善根에 心生尊

중　어회제과업　심생존중　　어수희선
重하며 於悔諸過業에 心生尊重하며 於隨喜善

근　심생존중
根에 心生尊重하나라

어예경제불　심생존중　　어합장공경　심
於禮敬諸佛에 心生尊重하며 於合掌恭敬에 心

생존중　어정례탑묘　심생존중　어권
生尊重하며 於頂禮塔廟에 心生尊重하며 於勸

불설법　심생존중
佛說法에 心生尊重이니라

이른바 생사에서 벗어남에 존중하는 마음을 내며, 일체 선근을 거두어 취함에 존중하는 마음을 내며, 일체 선근을 바라고 구함에 존중하는 마음을 내며, 모든 허물의 업을 뉘우침에 존중하는 마음을 내며, 선근을 따라 기뻐함에 존중하는 마음을 낸다.

모든 부처님께 예경함에 존중하는 마음을 내며, 합장하고 공경함에 존중하는 마음을 내며, 탑묘에 정례함에 존중하는 마음을 내며, 부처님께 설법해 주시기를 권청함에 존중하는 마음을 낸다.

이와 같은 등 갖가지 선근에 모두 존중하는

어 여 시 등 종 종 선 근　개 생 존 중　　수 순 인
於如是等種種善根에 皆生尊重하야 隨順忍

가
可니라

불자　보 살 마 하 살　어 피 선 근　개 생 존 중
佛子야 菩薩摩訶薩이 於彼善根에 皆生尊重하야

수 순 인 가 시　구 경 흔 락　　견 고 신 해　　자
隨順忍可時에 究竟欣樂하며 堅固信解하며 自

득 안 주　　영 타 안 주
得安住하며 令他安住하나라

근 수 무 착　　자 재 적 집　　성 승 지 락　　주 여
勤修無著하며 自在積集하며 成勝志樂하며 住如

래 경　　세 력 증 장　　실 득 지 견
來境하며 勢力增長하며 悉得知見하나라

마음을 내어 수순하고 인가한다.

불자들이여, 보살마하살이 그러한 선근에 다
존중하는 마음을 내어 수순하고 인가할 때에
끝까지 기뻐하며 견고하게 믿고 이해하여 스
스로 편안히 머무름을 얻고 다른 이도 편안히
머무르게 한다.

부지런히 닦아 집착이 없으며, 자재하게 쌓
아 모으며, 수승한 뜻의 즐거움을 이루며, 여
래의 경계에 머무르며, 세력이 증장하여 모두
알고 봄을 얻는다.

이제선근　여시회향
以諸善根으로 如是迴向하나니라

소위이무착무박해탈심　성취보현신업
所謂以無著無縛解脫心으로 成就普賢身業하며

이무착무박해탈심　청정보현어업　이
以無著無縛解脫心으로 清淨普賢語業하며 以

무착무박해탈심　원만보현의업　이무
無著無縛解脫心으로 圓滿普賢意業하며 以無

착무박해탈심　발기보현광대정진
著無縛解脫心으로 發起普賢廣大精進하나라

이무착무박해탈심　구족보현무애음성다
以無著無縛解脫心으로 具足普賢無礙音聲陀

라니문　기성광대　보변시방　이무착
羅尼門하야 其聲廣大하야 普徧十方하며 以無著

모든 선근으로 이와 같이 회향한다.

이른바 집착이 없고 속박이 없는 해탈심으로 보현의 몸으로 짓는 업을 성취하며, 집착이 없고 속박이 없는 해탈심으로 보현의 말로 짓는 업을 청정하게 하며, 집착이 없고 속박이 없는 해탈심으로 보현의 뜻으로 짓는 업을 원만히 하며, 집착이 없고 속박이 없는 해탈심으로 보현의 광대한 정진을 일으킨다.

집착이 없고 속박이 없는 해탈심으로 보현의 걸림 없는 음성 다라니문을 구족하여 그 음성이 광대하여 널리 시방에 두루하며, 집착이

무박해탈심　　　구족보현견일체불다라니
無縛解脫心_{으로}　具足普賢見一切佛陀羅尼

문　　　항견시방일체제불
門_{하야}　恒見十方一切諸佛_{하나라}

이무착무박해탈심　　　성취해료일체음성다
以無著無縛解脫心_{으로}　成就解了一切音聲陀

라니문　　동일체음　　설무량법　　이무착
羅尼門_{하야}　同一切音_{하야}　說無量法_{하며}　以無著

무박해탈심　　　성취보현일체겁주다라니
無縛解脫心_{으로}　成就普賢一切劫住陀羅尼

문　　보어시방　수보살행
門_{하야}　普於十方_에　修菩薩行_{하나라}

이무착무박해탈심　　　성취보현자재력
以無著無縛解脫心_{으로}　成就普賢自在力_{하야}

없고 속박이 없는 해탈심으로 보현의 일체 부처님을 친견하는 다라니문을 구족하여 항상 시방의 일체 모든 부처님을 친견한다.

집착이 없고 속박이 없는 해탈심으로 일체 음성을 분명히 아는 다라니문을 성취하여 일체 음성과 같이 한량없는 법을 설하며, 집착이 없고 속박이 없는 해탈심으로 보현의 일체 겁에 머무르는 다라니문을 성취하여 널리 시방에서 보살행을 닦는다.

집착이 없고 속박이 없는 해탈심으로 보현의 자재한 힘을 성취하여 한 중생의 몸에서 일체

어일중생신중   시수일체보살행   진미래
於一衆生身中에 示修一切菩薩行호대 盡未來

겁   상무간단   여일중생신   일체중생
劫토록 常無閒斷하고 如一衆生身하야 一切衆生

신   실역여시
身에도 悉亦如是하니라

이무착무박해탈심   성취보현자재력
以無著無縛解脫心으로 成就普賢自在力하야

보입일체중도량   보현일체제불전   수
普入一切衆道場하고 普現一切諸佛前하야 修

보살행
菩薩行하니라

이무착무박해탈심   성취보현불자재력
以無著無縛解脫心으로 成就普賢佛自在力하야

어일문중   시현경불가설불가설겁   무유
於一門中에 示現經不可說不可說劫토록 無有

보살의 행을 닦음을 보이되 미래겁이 다하도록 항상 끊어짐이 없으며, 한 중생의 몸에서와 같이 일체 중생의 몸에서도 모두 또한 그러하다.

집착이 없고 속박이 없는 해탈심으로 보현의 자재한 힘을 성취하여 널리 일체 대중의 도량에 들어가서 널리 일체 모든 부처님 앞에 나타나 보살행을 닦는다.

집착이 없고 속박이 없는 해탈심으로 보현의 불자재력을 성취하여 한 문에서 말할 수 없이 말할 수 없는 겁을 지내도록 끝까지 다함이 없음을 나타내 보여서 일체 중생으로 하여금 다

궁진　　영일체중생　　개득오입
窮盡하야 令一切衆生으로 皆得悟入하니라

이무착무박해탈심　　성취보현불자재력
以無著無縛解脫心으로 成就普賢佛自在力하야

어종종문중　　시현경불가설불가설겁　　무
於種種門中에 示現經不可說不可說劫토록 無

유궁진　　영일체중생　　개득오입　　기신
有窮盡하야 令一切衆生으로 皆得悟入하야 其身이

보현일체불전
普現一切佛前하니라

이무착무박해탈심　　성취보현자재력
以無著無縛解脫心으로 成就普賢自在力하야

염념중　　영불가설불가설중생　　주십력지
念念中에 令不可說不可說衆生으로 住十力智하야

심무피권
心無疲倦하니라

깨달아 들어감을 얻게 한다.

　집착이 없고 속박이 없는 해탈심으로 보현의 불자재력을 성취하여 갖가지 문 가운데서 말할 수 없이 말할 수 없는 겁을 지내도록 끝까지 다함이 없음을 나타내 보여서 일체 중생으로 하여금 다 깨달아 들어가 그 몸이 일체 부처님 앞에 널리 나타나게 한다.

　집착이 없고 속박이 없는 해탈심으로 보현의 자재한 힘을 성취하여 생각생각 동안에 말할 수 없이 말할 수 없는 중생들로 하여금 십력의 지혜에 머물러 마음이 고달픔이 없게 한다.

이무착무박해탈심 　성취보현자재력
以無著無縛解脫心으로 成就普賢自在力하야

어일체중생신중 　현일체불자재신통 　영
於一切衆生身中에 現一切佛自在神通하야 令

일체중생 　주보현행
一切衆生으로 住普賢行하니라

이무착무박해탈심 　성취보현자재력
以無著無縛解脫心으로 成就普賢自在力하야

어일일중생어언중 　작일체중생어언 　영
於一一衆生語言中에 作一切衆生語言하야 令

일체중생 　일일개주일체지지
一切衆生으로 一一皆住一切智地하니라

이무착무박해탈심 　성취보현자재력
以無著無縛解脫心으로 成就普賢自在力하야

어일일중생신중 　보용납일체중생신 　영
於一一衆生身中에 普容納一切衆生身하야 令

집착이 없고 속박이 없는 해탈심으로 보현의 자재한 힘을 성취하여 일체 중생의 몸 가운데서 일체 부처님의 자재한 신통을 나타내어 일체 중생으로 하여금 보현행에 머무르게 한다.

집착이 없고 속박이 없는 해탈심으로 보현의 자재한 힘을 성취하여 낱낱 중생의 말 가운데서 일체 중생의 말을 하여 일체 중생으로 하여금 낱낱이 다 일체 지혜의 지위에 머무르게 한다.

집착이 없고 속박이 없는 해탈심으로 보현의 자재한 힘을 성취하여 낱낱 중생의 몸 가운데 널리 일체 중생의 몸을 용납하되 모두

개자위성취불신
皆自謂成就佛身하니라

이무착무박해탈심　　　성취보현자재력
以無著無縛解脫心으로　成就普賢自在力하야

능이일화　　장엄일체시방세계
能以一華로　莊嚴一切十方世界하니라

이무착무박해탈심　　　성취보현자재력
以無著無縛解脫心으로　成就普賢自在力하야

출대음성　　　보변법계　　　주문일체제불국
出大音聲하야　普徧法界하고　周聞一切諸佛國

토　　섭수조복일체중생
土하야　攝受調伏一切衆生하니라

이무착무박해탈심　　　성취보현자재력
以無著無縛解脫心으로　成就普賢自在力하야

진미래제불가설불가설겁　　　어염념중　　실
盡未來際不可說不可說劫토록　於念念中에　悉

스스로 '부처님 몸을 성취하였다'라고 생각하게 한다.

집착이 없고 속박이 없는 해탈심으로 보현의 자재한 힘을 성취하여 능히 한 꽃으로 일체 시방세계를 장엄한다.

집착이 없고 속박이 없는 해탈심으로 보현의 자재한 힘을 성취하여 큰 음성을 내어 법계에 널리 두루하고 일체 모든 부처님 국토에 두루 들려서 일체 중생을 섭수하여 조복한다.

집착이 없고 속박이 없는 해탈심으로 보현의 자재한 힘을 성취하여 미래제가 다하도록 말할 수 없이 말할 수 없는 겁 동안 생각생각에

능변입일체세계　　이불신력　　수념장
能徧入一切世界하야 以佛神力으로 隨念莊

엄
嚴하나라

이무착무박해탈심　　성취보현자재력
以無著無縛解脫心으로 成就普賢自在力하야

진미래제소주지겁　　상능변입일체세계
盡未來際所住之劫토록 常能徧入一切世界하야

시현성불　　출홍어세
示現成佛하야 出興於世하나라

이무착무박해탈심　　성보현행　　일광
以無著無縛解脫心으로 成普賢行하야 一光이

보조진허공계일체세계
普照盡虛空界一切世界하나라

모두 능히 일체 세계에 두루 들어가서 부처님의 위신력으로 생각 따라 장엄한다.

집착이 없고 속박이 없는 해탈심으로 보현의 자재한 힘을 성취하여 미래제가 다하도록 머무르는 바 겁 동안 항상 능히 일체 세계에 두루 들어가서 성불함을 나타내 보여 세상에 출현한다.

집착이 없고 속박이 없는 해탈심으로 보현행을 이루어서 한 광명이 온 허공계 일체 세계를 널리 비춘다.

집착이 없고 속박이 없는 해탈심으로 보현행

이무착무박해탈심　　　성보현행　　　득무량
以無著無縛解脫心으로 **成普賢行**하야 **得無量**

지혜　　　구일체신통　　　설종종법
智慧하고 **具一切神通**하야 **說種種法**하니라

이무착무박해탈심　　　성보현행　　　입어여
以無著無縛解脫心으로 **成普賢行**하야 **入於如**

래진일체겁불가측량신통지혜
來盡一切劫不可測量神通智慧하니라

이무착무박해탈심　　　성보현행　　　주진법
以無著無縛解脫心으로 **成普賢行**하야 **住盡法**

계제여래소　　　이불신력　　　수습일체제보
界諸如來所하야 **以佛神力**으로 **修習一切諸菩**

살행　　　신구의업　　　증무해권
薩行호대 **身口意業**이 **曾無懈倦**하니라

이무착무박해탈심　　　성보현행　　　불위어
以無著無縛解脫心으로 **成普賢行**하야 **不違於**

을 이루어서 한량없는 지혜를 얻고 일체 신통을 갖추어 갖가지 법을 설한다.

집착이 없고 속박이 없는 해탈심으로 보현행을 이루어서 여래의 일체 겁이 다하도록 헤아릴 수 없는 신통과 지혜에 들어간다.

집착이 없고 속박이 없는 해탈심으로 보현행을 이루어서 온 법계 모든 여래의 처소에 머무르면서 부처님의 신통력으로 일체 모든 보살의 행을 닦아 익히되 몸과 입과 뜻으로 짓는 업에 일찍이 게으름이 없다.

집착이 없고 속박이 없는 해탈심으로 보현행을 이루어서 뜻을 어기지 않고 법을 무너뜨리

의　　불괴어법　　언사청정　　요설무진
義하고 不壞於法하야 言辭淸淨하야 樂說無盡하야

교화조복일체중생　　영기당득일체제불무
敎化調伏一切衆生하야 令其當得一切諸佛無

상보리
上菩提하나라

이무착무박해탈심　　수보현행　　입일법
以無著無縛解脫心으로 修普賢行하야 入一法

문시　　방무량광　　조부사의일체법문
門時에 放無量光하야 照不思議一切法門하고

여일법문　　일체법문　　개역여시　　통달
如一法門하야 一切法門에도 皆亦如是하야 通達

무애　　구경당득일체지지
無礙하야 究竟當得一切智地하나라

이무착무박해탈심　　주보살행　　어법자
以無著無縛解脫心으로 住菩薩行하야 於法自

지 아니하며 언사가 청정하고 말하기를 좋아

함이 다함없어서 일체 중생을 교화하고 조복

하여 그들로 하여금 마땅히 일체 모든 부처님

의 위없는 보리를 얻게 한다.

　집착이 없고 속박이 없는 해탈심으로 보현행

을 닦아서 한 법문에 들어갈 때에 한량없는

광명을 놓아 부사의한 일체 법문을 비추며,

한 법문에서와 같이 일체 법문에서도 모두 또

한 이와 같이 하여 통달하고 걸림이 없어 구경

에 마땅히 일체지의 지위를 얻는다.

　집착이 없고 속박이 없는 해탈심으로 보살의

행에 머물러서 법에 자재하여 보현의 장엄한

재
在하야 到於普賢莊嚴彼岸하야 於一一境界에

개이일체지   관찰오입   이일체지   역불
皆以一切智로 觀察悟入호대 而一切智가 亦不

궁진
窮盡하니라

이무착무박해탈심   시종차생   진미래
以無著無縛解脫心으로 始從此生으로 盡未來

제   주보현행   상불휴식   득일체지
際토록 住普賢行하야 常不休息하고 得一切智하야

오불가설불가설진실법   어법구경   무
悟不可說不可說眞實法하야 於法究竟하야 無

유미혹
有迷惑하니라

피안에 이르며 낱낱 경계에서 다 일체 지혜로 관찰하여 깨달아 들어가되 일체지도 또한 끝까지 다하지 아니한다.

집착이 없고 속박이 없는 해탈심으로 처음 이 생으로부터 미래제가 다하도록 보현행에 머물러서 항상 휴식하지 아니하고 일체 지혜를 얻고, 말할 수 없이 말할 수 없는 진실한 법을 깨달아 법에 끝까지 미혹함이 없다.

집착이 없고 속박이 없는 해탈심으로 보현의

이무착무박해탈심　　수보현업　　방편자
以無著無縛解脫心으로 修普賢業하야 方便自

재　　득법광명　　어제보살소행지행　　조
在하고 得法光明하야 於諸菩薩所行之行에 照

료무애
了無礙하니라

이무착무박해탈심　　수보현행　　득일체
以無著無縛解脫心으로 修普賢行하야 得一切

방편지　　지일체방편
方便智하야 知一切方便하나니라

소위무량방편　　부사의방편　　보살방편　　일
所謂無量方便과 不思議方便과 菩薩方便과 一

체지방편　　일체보살조복방편　　전무량법
切智方便과 一切菩薩調伏方便과 轉無量法

륜방편　　불가설시방편　　설종종법방편　　무
輪方便과 不可說時方便과 說種種法方便과 無

업을 닦아서 방편에 자재하고 법의 광명을 얻어 모든 보살들의 행하는 바 행을 비춤에 장애가 없다.

집착이 없고 속박이 없는 해탈심으로 보현행을 닦아서 일체 방편의 지혜를 얻어 일체 방편을 안다.

이른바 한량없는 방편과 부사의한 방편과 보살의 방편과 일체 지혜의 방편과 일체 보살의 조복하는 방편과 한량없는 법륜을 굴리는 방편과 말할 수 없는 시간의 방편과 갖가지 법을 설하는 방편과 끝없고 두려움이 없는 창고 방편과 일체 법을 설하여 남음이 없는 방편이

변제무외장방편　　설일체법무여방편
邊際無畏藏方便과　說一切法無餘方便이니라

이무착무박해탈심　　　주보현행　　　성취신
以無著無縛解脫心으로　住普賢行하야　成就身

업　　영일체중생　　　견자환희　　　불생비
業하야　令一切衆生으로　見者歡喜하야　不生誹

방　　발보리심　　　영불퇴전　　　구경청정
謗하고　發菩提心하야　永不退轉하야　究竟淸淨하며

이무착무박해탈심　　　수보현행　　　득료일
以無著無縛解脫心으로　修普賢行하야　得了一

체중생어언청정지　　　일체언사　　　구족장
切衆生語言淸淨智하야　一切言辭를　具足莊

엄　　보응중생　　　개령환희
嚴하야　普應衆生하야　皆令歡喜하니라

다.

집착이 없고 속박이 없는 해탈심으로 보현행에 머물러서 몸으로 짓는 업을 성취하고, 일체 중생으로 하여금 보는 자가 환희하여 비방하지 않게 하며, 보리심을 내어 영원히 퇴전하지 아니하고 구경에 청정하게 한다.

집착이 없고 속박이 없는 해탈심으로 보현행을 닦아서 일체 중생의 말을 분명히 아는 청정한 지혜를 얻고, 일체 언사를 구족하게 장엄하여 널리 중생들에게 응하여 모두 환희하게 한다.

이무착무박해탈심　　　주보현행　　　입수승
以無著無縛解脫心으로　住普賢行하야　立殊勝

지　　구청정심　　득광대신통　　광대지혜
志하고　具淸淨心하야　得廣大神通과　廣大智慧하야

보예일체광대세간　　광대국토　　광대중생
普詣一切廣大世間과　廣大國土와　廣大衆生

소　　설일체여래　　불가설광대법　　광대장
所하야　說一切如來의　不可說廣大法과　廣大莊

엄원만장
嚴圓滿藏하니라

이무착무박해탈심　　　성만보현회향행원
以無著無縛解脫心으로　成滿普賢迴向行願하야

득일체불청정신　　청정심　　청정해
得一切佛淸淨身과　淸淨心과　淸淨解하니라

섭불공덕　　주불경계　　지인보조　　시현
攝佛功德하고　住佛境界하야　智印普照하야　示現

집착이 없고 속박이 없는 해탈심으로 보현행에 머물러서 수승한 뜻을 세우고 청정한 마음을 구족하여 광대한 신통과 광대한 지혜를 얻어 일체 광대한 세간과 광대한 국토와 광대한 중생의 처소에 널리 나아가서 일체 여래의 말할 수 없는 광대한 법과 광대하게 장엄한 원만장을 설한다.

집착이 없고 속박이 없는 해탈심으로 보현의 회향하는 행원을 원만히 이루어서 일체 부처님의 청정한 몸과 청정한 마음과 청정한 이해를 얻는다.

부처님의 공덕을 거두어 부처님의 경계에 머

보살 청정 지업   선입일체차별구의   시
菩薩淸淨之業하고 善入一切差別句義하야 示

제불보살광대자재   위일체중생   현성
諸佛菩薩廣大自在하야 爲一切衆生하야 現成

정각
正覺하니라

이무착무박해탈심   근수보현제근행원
以無著無縛解脫心으로 勤修普賢諸根行願하야

득총리근   조순근   일체법자재근   무진
得聰利根과 調順根과 一切法自在根과 無盡

근   근수일체선근근   일체불경계평등근
根과 勤修一切善根根과 一切佛境界平等根과

수일체보살불퇴전기대정진근   요지일체
授一切菩薩不退轉記大精進根과 了知一切

무르며, 지혜의 도장으로 널리 비추어 보살의 청정한 업을 나타내 보이며, 일체 차별한 문구와 뜻에 잘 들어가서 모든 부처님과 보살들의 광대하게 자재함을 보이며, 일체 중생을 위하여 정각 이룸을 나타낸다.

집착이 없고 속박이 없는 해탈심으로 보현의 모든 근과 행원을 부지런히 닦아서 총명하고 예리한 근과 고르고 순한 근과 일체 법에 자재한 근과 다함없는 근과 일체 선근을 부지런히 닦는 근과 일체 부처님의 경계와 평등한 근과 일체 보살의 퇴전하지 않는 수기를 받아 크

불법금강계근   일체여래지혜광조금강염
佛法金剛界根과 一切如來智慧光照金剛燄

근   분별일체제근자재근   안립무량중생
根과 分別一切諸根自在根과 安立無量衆生

어일체지근   무변광대근   일체원만근   청
於一切智根과 無邊廣大根과 一切圓滿根과 淸

정무애근
淨無礙根하니라

이무착무박해탈심   수보현행   득일체
以無著無縛解脫心으로 修普賢行하아 得一切

보살신력
菩薩神力하나니라

소위무량광대력신력   무량자재지신력
所謂無量廣大力神力과 無量自在智神力과

부동기신   보현일체불찰신력   무애부단
不動其身하고 普現一切佛刹神力과 無礙不斷

게 정진하는 근과 일체 불법을 밝게 아는 금강계의 근과 일체 여래의 지혜 광명으로 비추는 금강불꽃의 근과 일체 모든 근을 분별하는 자재한 근과 한량없는 중생들을 일체 지혜에 안립하는 근과 가없고 광대한 근과 일체 원만한 근과 청정하여 걸림 없는 근을 얻는다.

집착이 없고 속박이 없는 해탈심으로 보현행을 닦아서 일체 보살의 위신력을 얻는다.

이른바 한량없고 광대한 힘의 위신력과 한량없고 자재한 지혜의 위신력과 그 몸을 움직이지 않고 일체 부처님의 세계에 널리 나타내는 위신력과 걸림 없고 끊임없이 자재한 위신력이

자재 신력
自在神力이니라

보섭일체불찰　　치어일처신력　　일신　　변
普攝一切佛刹하야 置於一處神力과 一身이 徧

만일체불찰신력　　무애해탈유희신력　　무
滿一切佛刹神力과 無礙解脫遊戲神力과 無

소작일념자재신력
所作一念自在神力이니라

주무성무의신력　　일모공중　　차제안립불
住無性無依神力과 一毛孔中에 次第安立不

가설세계　　변유법계제불도량　　시제중
可說世界하고 徧遊法界諸佛道場하야 示諸衆

생　　개령득입대지혜문신력
生하야 皆令得入大智慧門神力이니라

다.

 일체 부처님의 세계를 널리 거두어 한 곳에
두는 위신력과 한 몸이 일체 부처님의 세계에
두루 가득한 위신력과 걸림 없는 해탈로 유희
하는 위신력과 짓는 일 없이 한 생각에 자재
한 위신력이다.

 성품이 없고 의지함이 없는 데 머무르는 위
신력과 한 모공 가운데 말할 수 없는 세계를
차례로 안립하고 법계의 모든 부처님의 도량
에 두루 다니면서 모든 중생들에게 보여 모두
큰 지혜의 문에 들어가게 하는 위신력이다.

이무착무박해탈심. 　입보현문　생보살
以無著無縛解脫心으로 入普賢門하야 生菩薩

행　이자재지　어일념경　보입무량제불
行하야 以自在智로 於一念頃에 普入無量諸佛

국토
國土하니라

일신　용수무량불찰　획능엄정불국토
一身이 容受無量佛刹하고 獲能嚴淨佛國土

지　항이지혜　관견무변제불국토　영
智하야 恒以智慧로 觀見無邊諸佛國土하야 永

불발기이승지심
不發起二乘之心하니라

이무착무박해탈심　수보현방편행　입
以無著無縛解脫心으로 修普賢方便行하야 入

지혜경계　생여래가　주보살도　구족
智慧境界하야 生如來家하야 住菩薩道하고 具足

집착이 없고 속박이 없는 해탈심으로 보현의 문에 들어가서 보살행을 내어 자재한 지혜로 한 생각 사이에 한량없는 모든 부처님의 국토에 널리 들어간다.

한 몸이 한량없는 부처님의 세계를 수용하며, 부처님의 국토를 능히 깨끗이 장엄하는 지혜를 얻으며, 항상 지혜로써 가없는 모든 부처님의 국토를 관하여 보며, 영원히 이승의 마음을 일으키지 않는다.

집착이 없고 속박이 없는 해탈심으로 보현의 방편행을 닦아서 지혜의 경계에 들어가고 여래가에 태어나 보살의 도에 머무르며, 말할 수

불가설불가설무량부사의수승심　행무량
不可說不可說無量不思議殊勝心하야 行無量

원　미증휴식　요지삼세일체법계
願호대 未曾休息하야 了知三世一切法界하나라

이무착무박해탈심　성취보현청정법
以無著無縛解脫心으로 成就普賢淸淨法

문　어일모단량처　실포용진허공변법계
門하야 於一毛端量處에 悉包容盡虛空徧法界

불가설불가설일체국토　개사명견　여
不可說不可說一切國土하야 皆使明見하고 如

일모단량처　변법계허공계일일모단량
一毛端量處하야 徧法界虛空界一一毛端量

처　실역여시
處에도 悉亦如是하나라

없이 말할 수 없는 한량없고 부사의한 수승한 마음을 구족하며, 한량없는 원을 행하되 일찍이 휴식하지 아니하고 삼세의 일체 법계를 밝게 안다.

집착이 없고 속박이 없는 해탈심으로 보현의 청정한 법문을 성취하여 한 털끝만 한 곳에 온 허공과 법계에 두루한 말할 수 없이 말할 수 없는 일체 국토를 다 포용하여 모두 분명히 보게 하며, 한 털끝만 한 곳에서와 같이 온 법계 허공계의 낱낱 털끝만 한 곳에서도 모두 또한 이와 같이 한다.

이무착무박해탈심　　성취보현심심방편
以無著無縛解脫心으로 成就普賢深心方便하야

어일념심중　　현일중생　　불가설불가설겁
於一念心中에 現一衆生의 不可說不可說劫

념심　　여시내지현일체중생　　이허겁념
念心하고 如是乃至現一切衆生의 爾許劫念

심
心하니라

이무착무박해탈심　　입보현회향행방편
以無著無縛解脫心으로 入普賢迴向行方便

지　　어일신중　　실능포납진법계불가설불
地하야 於一身中에 悉能包納盡法界不可說不

가설신　　이중생계　　무소증감　　여일신
可說身호대 而衆生界가 無所增減하고 如一身하야

내지주변법계일체신　　실역여시
乃至周徧法界一切身에도 悉亦如是하니라

집착이 없고 속박이 없는 해탈심으로 보현의 깊은 마음의 방편을 성취하여 한 생각에 한 중생의 말할 수 없이 말할 수 없는 겁의 생각을 나타내며, 이와 같이 내지 일체 중생의 그러한 겁의 생각을 나타낸다.

집착이 없고 속박이 없는 해탈심으로 보현의 회향하는 행의 방편 지위에 들어가서 한 몸 속에 온 법계의 말할 수 없이 말할 수 없는 몸을 다 능히 용납하여도 중생계가 늘어나거나 줄어듦이 없으며, 한 몸과 같이 내지 법계에 두루한 일체 몸도 모두 또한 이와 같다.

집착이 없고 속박이 없는 해탈심으로 보현의

이무착무박해탈심　　성취보현대원방편
以無著無縛解脫心으로 成就普賢大願方便하야

사리일체상도심도견도　　보입일체제불경
捨離一切想倒心倒見倒하고 普入一切諸佛境

계　　상견제불허공계등청정법신　상호장
界하야 常見諸佛虛空界等淸淨法身이 相好莊

엄　　신력자재
嚴하고 神力自在하니라

상이묘음　　개시연설　무애무단　　영기
常以妙音으로 開示演說을 無礙無斷하야 令其

문자　여설수지　어여래신　요무소득
聞者로 如說受持호대 於如來身엔 了無所得하니라

이무착무박해탈심　　수보현행　주보살
以無著無縛解脫心으로 修普賢行하야 住菩薩

대원의 방편을 성취하여 일체 생각의 전도와 마음의 전도와 견해의 전도를 버리고 여의어 일체 모든 부처님의 경계에 널리 들어가며, 모든 부처님의 허공계와 같은 청정한 법신이 상호로 장엄하고 위신력이 자재함을 항상 본다.

항상 묘한 음성으로 열어 보이고 연설하되 걸림이 없고 끊어짐이 없어서 그 듣는 자로 하여금 말한 대로 받아 지니게 하되 여래의 몸에는 마침내 얻은 바가 없다.

집착이 없고 속박이 없는 해탈심으로 보현행을 닦아서 보살의 지위에 머물러 한 생각 가

지　　어일념중　　입일체세계
地하야 **於一念中**에 **入一切世界**하나니라

소위입앙세계　　복세계　　불가설불가설시
所謂入仰世界와 **覆世界**와 **不可說不可說十**

방망일체처광대세계
方網一切處廣大世界하니라

이인다라망분별방편　　보분별일체법계
以因陀羅網分別方便으로 **普分別一切法界**하야

이종종세계　　입일세계　　이불가설불가설
以種種世界로 **入一世界**하고 **以不可說不可說**

무량세계　　입일세계　　이일체법계소안립
無量世界로 **入一世界**하며 **以一切法界所安立**

무량세계　　입일세계　　이일체허공계소안
無量世界로 **入一世界**하고 **以一切虛空界所安**

립무량세계　　입일세계　　이역불괴안립지
立無量世界로 **入一世界**호대 **而亦不壞安立之**

운데 일체 세계에 들어간다.

이른바 잦혀진 세계와 엎어진 세계와 말할 수 없이 말할 수 없는 시방 그물 일체 처의 광대한 세계에 들어간다.

인다라망의 분별하는 방편으로써 널리 일체 법계를 분별하여 갖가지 세계로 한 세계에 들어가며, 말할 수 없이 말할 수 없는 한량없는 세계로 한 세계에 들어가며, 일체 법계에 나란히 펼쳐진 한량없는 세계로 한 세계에 들어가며, 일체 허공계에 나란히 펼쳐진 한량없는 세계로 한 세계에 들어가되 또한 나란히 펼쳐진 모양을 무너뜨리지 않고 모두 분명히 보게 한다.

상　　실령명견
相하야 悉令明見하니라

이무착무박해탈심　　수습보현보살행
以無著無縛解脫心으로 修習普賢菩薩行

원　　득불관정　　어일념중　　입방편지
願하야 得佛灌頂하고 於一念中에 入方便地하야

성만안주중행지보　　실능요지일체제
成滿安住衆行智寶하야 悉能了知一切諸

상
想하나니라

소위중생상　　법상　　찰상　　방상　　불상　　세
所謂衆生想과 法想과 刹想과 方想과 佛想과 世

상　　업상　　행상　　계상　　해상　　근상　　시
想과 業想과 行想과 界想과 解想과 根想과 時

상　　지상
想과 持想이니라

집착이 없고 속박이 없는 해탈심으로 보현 보살의 행원을 닦아 익혀서 부처님의 관정하심을 얻고, 한 생각 가운데 방편 지위에 들어가서 온갖 행에 편안히 머무르는 지혜의 보배를 원만히 성취하고 일체 모든 생각을 다 능히 밝게 안다.

이른바 중생이라는 생각과 법이라는 생각과 국토라는 생각과 방위라는 생각과 부처라는 생각과 세상이라는 생각과 업이라는 생각과 행이라는 생각과 세계라는 생각과 이해라는 생각과 근이라는 생각과 시간이라는 생각과 가진다는 생각이다.

번뇌상　청정상　성숙상　견불상　전법륜
煩惱想과 淸淨想과 成熟想과 見佛想과 轉法輪

상　문법해료상　조복상　무량상　출리
想과 聞法解了想과 調伏想과 無量想과 出離

상　종종지상　무량지상
想과 種種地想과 無量地想이니라

보살요지상　보살수습상　보살삼매상　보
菩薩了知想과 菩薩修習想과 菩薩三昧想과 菩

살삼매기상　보살성상　보살괴상　보살몰
薩三昧起想과 菩薩成想과 菩薩壞想과 菩薩歿

상　보살생상　보살해탈상　보살자재상
想과 菩薩生想과 菩薩解脫想과 菩薩自在想과

보살주지상　보살경계상
菩薩住持想과 菩薩境界想이니라

겁성괴상　명상　암상　주상　야상　반월
劫成壞想과 明想과 闇想과 晝想과 夜想과 半月

번뇌라는 생각과 청정하다는 생각과 성숙하다는 생각과 부처님을 본다는 생각과 법륜을 굴린다는 생각과 법을 듣고 분명히 이해한다는 생각과 조복한다는 생각과 한량없다는 생각과 벗어난다는 생각과 갖가지 지위라는 생각과 한량없는 지위라는 생각이다.

보살이 밝게 안다는 생각과 보살이 닦아 익힌다는 생각과 보살의 삼매라는 생각과 보살이 삼매에서 일어난다는 생각과 보살이 이룬다는 생각과 보살이 무너진다는 생각과 보살이 죽는다는 생각과 보살이 태어난다는 생각과 보살이 해탈한다는 생각과 보살이 자재하

일월일시일세변이상　거상　내상　주상
一月一時一歲變異想과 去想과 來想과 住想과

좌상　수상　교상
坐想과 睡想과 覺想이라

여시등상　어일념중　실능요지　이리일
如是等想을 於一念中에 悉能了知하야 而離一

체상　무소분별　단일체장　무소집
切想하야 無所分別하며 斷一切障하야 無所執

착
著하니라

일체불지　충만기심　일체불법　장기
一切佛智가 充滿其心하며 一切佛法으로 長其

선근　여제여래　등동일신　일체제불
善根하며 與諸如來로 等同一身하며 一切諸佛

지소섭취　이구청정　일체불법　개수수
之所攝取로 離垢淸淨하며 一切佛法을 皆隨修

다는 생각과 보살이 머물러 지닌다는 생각과 보살의 경계라는 생각이다.

겁이 이루어지고 무너진다는 생각과 밝다는 생각과 어둡다는 생각과 낮이라는 생각과 밤이라는 생각과 반 달·한 달·한 철·한 해가 변하고 달라진다는 생각과 간다는 생각과 온다는 생각과 머무른다는 생각과 앉는다는 생각과 잠잔다는 생각과 잠깬다는 생각이다.

이와 같은 등 생각을 한 생각 동안에 모두 능히 밝게 알아서 일체 생각을 여의어 분별하는 바가 없으며, 일체 장애를 끊어서 집착하는 바가 없다.

학 　　도어피안
學하야 　到於彼岸하나라

이무착무박해탈심 　위일체중생 　수보
以無著無縛解脫心으로 爲一切衆生하야 修普

현행 　생대지보 　어일일심중 　지무량
賢行하야 生大智寶하야 於一一心中에 知無量

심
心하나라

수기의지 　수기분별 　수기종성 　수기
隨其依止하며 隨其分別하며 隨其種性하며 隨其

소작 　수기업용 　수기상상 　수기사
所作하며 隨其業用하며 隨其相狀하며 隨其思

각 　종종부동 미불명견
覺하야 種種不同을 靡不明見하나라

일체 부처님의 지혜가 그 마음에 충만하며,

일체 부처님의 법으로 그 선근을 증장하며,

모든 여래와 더불어 평등하여 한 몸과 같으며,

일체 모든 부처님의 거두어 주시는 바로 때가

없이 청정하며, 일체 불법을 다 따라 닦고 배

워서 피안에 이른다.

집착이 없고 속박이 없는 해탈심으로 일체 중

생을 위하여 보현행을 닦아서 큰 지혜보배를

내고 낱낱 마음 가운데 한량없는 마음을 안다.

그 의지를 따르며, 그 분별을 따르며, 그 종

성을 따르며, 그 짓는 바를 따르며, 그 업의

이무착무박해탈심　　성취보현대원지보
以無著無縛解脫心으로 成就普賢大願智寶하야

어일처중　　지어무량불가설처　　여어일
於一處中에 知於無量不可說處하고 如於一

처　　어일체처　　실역여시
處하야 於一切處에도 悉亦如是하나라

이무착무박해탈심　　수습보현행업지지
以無著無縛解脫心으로 修習普賢行業智地하야

어일업중　　능지무량불가설불가설업　　기
於一業中에 能知無量不可說不可說業하야 其

업　　각이종종연조　　명료지견　　여어일
業이 各以種種緣造를 明了知見하고 如於一

업　　어일체업　　실역여시
業하야 於一切業에도 悉亦如是하나라

이무착무박해탈심　　수습보현지제법지
以無著無縛解脫心으로 修習普賢知諸法智하야

작용을 따르며, 그 형상을 따르며, 그 생각을 따라서 갖가지로 같지 아니함을 밝게 보지 못함이 없다.

집착이 없고 속박이 없는 해탈심으로 보현의 대원과 지혜의 보배를 성취하여 한 곳에서 한량없고 말할 수 없는 곳을 알며, 한 곳에서와 같이 일체 처에서도 다 또한 이와 같이 한다.

집착이 없고 속박이 없는 해탈심으로 보현의 행하는 업과 지혜의 지위를 닦아 익혀서 한 업 가운데 한량없고 말할 수 없이 말할 수 없는 업을 능히 알고, 그 업이 각각 갖가지 연으로 지은 것임을 분명히 밝게 알고 보며, 한 업에서

어일법중　　지불가설불가설법　　어일체법
於一法中에 知不可說不可說法하고 於一切法

중　　이지일법
中에 而知一法하나라

여시제법　　각각차별　　무유장애　　무위무
如是諸法의 各各差別에 無有障礙하야 無違無

착
著하나라

이무착무박해탈심　　　주보살행　　　득구보
以無著無縛解脫心으로 住菩薩行하야 得具普

현무애이근　　어일언음중　　지불가설불가
賢無礙耳根하야 於一言音中에 知不可說不可

설언음　　무량무변종종차별　　이무소착
說言音하야 無量無邊種種差別에 而無所著하고

와 같이 일체 업에서도 모두 또한 이와 같이 한다.

집착이 없고 속박이 없는 해탈심으로 보현의 모든 법을 아는 지혜를 닦아 익혀서 한 법 가운데 말할 수 없이 말할 수 없는 법을 알며, 일체 법 가운데 한 법을 안다.

이와 같은 모든 법의 각각 차별에 장애가 없고 어김이 없고 집착함도 없다.

집착이 없고 속박이 없는 해탈심으로 보살의 행에 머물러서 보현의 걸림 없는 이근을 갖추어 한 음성 가운데 말할 수 없이 말할 수 없는 음성을 알아서 한량없고 가없는 갖가지 차

여어일언음　　어일체언음　　실역여시
如於一言音하야 於一切言音에 悉亦如是하니라

이무착무박해탈심　　수보현지　　기보현
以無著無縛解脫心으로 修普賢智하고 起普賢

행　　주보현지　　어일일법중　　연설불가
行하고 住普賢地하야 於一一法中에 演說不可

설불가설법　　기법광대　　종종차별
說不可說法호대 其法廣大하야 種種差別이라

교화섭수　　불가사의방편상응　　어무량
敎化攝受를 不可思議方便相應하야 於無量

시　　어일체시　　수제중생　　소유욕해　　수
時와 於一切時에 隨諸衆生의 所有欲解하야 隨

근수시　　이불음성　　이위설법　　이일묘
根隨時하야 以佛音聲으로 而爲說法호대 以一妙

음　　영불가설도량중회무량중생　　개실
音으로 令不可說道場衆會無量衆生으로 皆悉

별에 집착하는 바가 없으며, 한 음성에서와 같이 일체 음성에서도 모두 또한 그러하다.

집착이 없고 속박이 없는 해탈심으로 보현의 지혜를 닦고 보현의 행을 일으켜 보현의 지위에 머물러서 낱낱 법 가운데 말할 수 없이 말할 수 없는 법을 연설하되 그 법이 광대하여 갖가지로 차별하다.

교화하고 섭수함이 불가사의한 방편과 서로 응하여 한량없는 시간과 일체 시간에 모든 중생들의 있는 바 욕망과 이해를 따르고 근성을 따르고 시기를 따라서 부처님의 음성으로 법을 설하되, 한 미묘한 음성으로써 말할 수 없

환희
歡喜하니라

일체여래소　　무량보살　　충만법계　　입수
一切如來所에 **無量菩薩**이 **充滿法界**하야 **立殊**

승지　　생광대견　　구경요지일체제행
勝志하고 **生廣大見**하야 **究竟了知一切諸行**하야

주보현지　　수소설법　　어염념중　　실능
住普賢地하야 **隨所說法**하야 **於念念中**에 **悉能**

증입
證入하니라

일찰나경　　증장무량불가설불가설대지혜
一刹那頃에 **增長無量不可說不可說大智慧**

취　　진미래겁　　여시연설　　어일체찰
聚라 **盡未來劫**토록 **如是演說**하야 **於一切刹**에

수습광대허공등행　　성취원만
修習廣大虛空等行하야 **成就圓滿**하니라

는 도량의 대중모임과 한량없는 중생들로 하여금 모두 다 환희하게 한다.

일체 여래의 처소에 한량없는 보살들이 법계에 충만하여 수승한 뜻을 세우고 광대한 소견을 내어 구경에 일체 모든 행을 밝게 알며, 보현의 지위에 머물러서 설하는 바 법을 따라 생각생각 동안에 모두 능히 증득하여 들어간다.

한 찰나 사이에 한량없고 말할 수 없이 말할 수 없는 큰 지혜 무더기를 증장하며, 미래겁이 다하도록 이와 같이 연설하며, 일체 세계에서 허공과 같이 광대한 행을 닦아 익혀 원만하게 성취한다.

이무착무박해탈심　　수습보현제근행문
以無著無縛解脫心으로 **修習普賢諸根行門**하야

성대행왕　　어일일근중　　실능요지무량제
成大行王하야 **於一一根中**에 **悉能了知無量諸**

근　무량심락　부사의경계　소생묘행
根과 **無量心樂**과 **不思議境界**의 **所生妙行**하나라

이무착무박해탈심　　주보현행대회향심
以無著無縛解脫心으로 **住普賢行大迴向心**하야

득색심미세지　신심미세지　찰심미세지
得色甚微細智와 **身甚微細智**와 **刹甚微細智**와

겁심미세지　세심미세지　방심미세지　시
劫甚微細智와 **世甚微細智**와 **方甚微細智**와 **時**

집착이 없고 속박이 없는 해탈심으로 보현의 모든 근의 행문을 닦아 익혀서 큰 행의 왕을 이루어, 낱낱 근 가운데 한량없는 모든 근과 한량없는 마음의 즐거움과 부사의한 경계로 생기는 미묘한 행을 모두 능히 밝게 안다.

집착이 없고 속박이 없는 해탈심으로 보현행의 크게 회향하는 마음에 머물러서 색의 매우 미세한 지혜와 몸의 매우 미세한 지혜와 세계의 매우 미세한 지혜와 겁의 매우 미세한 지혜와 세상의 매우 미세한 지혜와 방위의 매우

심미세지　수심미세지　업보심미세지　청
甚微細智와　數甚微細智와　業報甚微細智와　淸

정심미세지
淨甚微細智하나라

여시등일체심미세　어일념중　실능요지
如是等一切甚微細를　於一念中에　悉能了知호대

이심불공포　　심불미혹　　불란불산　　불
而心不恐怖하며　心不迷惑하며　不亂不散하며　不

탁불렬　　기심일연　　심선적정　　심선분
濁不劣하야　其心一緣하고　心善寂定하고　心善分

별　　심선안주
別하고　心善安住하나라

이무착무박해탈심　　주보살지　　수보현
以無著無縛解脫心으로　住菩薩智하야　修普賢

미세한 지혜와 시간의 매우 미세한 지혜와 숫자의 매우 미세한 지혜와 업보의 매우 미세한 지혜와 청정함의 매우 미세한 지혜를 얻는다.

이와 같은 등 일체 매우 미세함을 한 생각 동안에 다 능히 밝게 알되 마음이 두렵지 않으며, 마음이 미혹하지 않으며, 어지럽지 않고 흩어지지 않으며, 흐리지 않으며, 용렬하지 아니하여, 그 마음이 하나를 반연하고 마음이 잘 적정하고 마음이 잘 분별하고 마음이 잘 편안히 머무른다.

집착이 없고 속박이 없는 해탈심으로 보살의

행 무유해권 능지일체중생취심미세
行호대 無有懈倦하야 能知一切衆生趣甚微細와

중생사심미세 중생생심미세 중생주심
衆生死甚微細와 衆生生甚微細와 衆生住甚

미세 중생처심미세 중생품류심미세 중
微細와 衆生處甚微細와 衆生品類甚微細와 衆

생경계심미세 중생행심미세 중생취심
生境界甚微細와 衆生行甚微細와 衆生取甚

미세 중생반연심미세
微細와 衆生攀緣甚微細하니라

여시등일체심미세 어일념중 실능요지
如是等一切甚微細를 於一念中에 悉能了知하니라

이무착무박해탈심 입심지락 수보현
以無著無縛解脫心으로 立深志樂하고 修普賢

지혜에 머물러 보현행을 닦되 게으름이 없어서 일체 중생의 갈래가 매우 미세함과, 중생의 죽음이 매우 미세함과, 중생의 태어남이 매우 미세함과, 중생의 머무름이 매우 미세함과, 중생의 처소가 매우 미세함과, 중생의 품류가 매우 미세함과, 중생의 경계가 매우 미세함과, 중생의 행이 매우 미세함과, 중생의 취함이 매우 미세함과, 중생의 반연이 매우 미세함을 능히 안다.

이와 같은 등 일체 매우 미세함을 한 생각 동안에 모두 능히 밝게 안다.

집착이 없고 속박이 없는 해탈심으로 깊은

행   능지일체보살   종초발심   위일체
行하야 能知一切菩薩의 從初發心으로 爲一切

중생   수보살행심미세   보살주처심미
衆生하야 修菩薩行甚微細와 菩薩住處甚微

세   보살신통심미세   보살유행무량불찰
細와 菩薩神通甚微細와 菩薩遊行無量佛刹

심미세
甚微細니라

보살법광명심미세   보살청정안심미세
菩薩法光明甚微細와 菩薩清淨眼甚微細와

보살성취수승심심미세   보살왕예일체여
菩薩成就殊勝心甚微細와 菩薩往詣一切如

래도량중회심미세   보살다라니문지심미
來道場衆會甚微細와 菩薩陀羅尼門智甚微

세
細니라

즐거운 뜻을 세우고 보현행을 닦아서 일체 보살의 처음 발심함으로부터 일체 중생을 위하여 보살행을 닦음이 매우 미세함과, 보살의 주처가 매우 미세함과, 보살의 신통이 매우 미세함과, 보살의 한량없는 부처님 세계에 유행함이 매우 미세함을 능히 안다.

보살의 법의 광명이 매우 미세함과, 보살의 청정한 눈이 매우 미세함과, 보살의 수승한 마음을 성취함이 매우 미세함과, 보살의 일체 여래 도량의 대중모임에 나아감이 매우 미세함과, 보살의 다라니문 지혜가 매우 미세함을 능히 안다.

보살무량무외지일체변재장연설심미세
菩薩無量無畏地一切辯才藏演說甚微細와

보살무량삼매상심미세　　보살견일체불삼
菩薩無量三昧相甚微細와 菩薩見一切佛三

매지심미세　　보살심심삼매지심미세　　보
昧智甚微細와 菩薩甚深三昧智甚微細와 菩

살대장엄삼매지심미세
薩大莊嚴三昧智甚微細니라

보살법계삼매지심미세　　보살대자재신통
菩薩法界三昧智甚微細와 菩薩大自在神通

삼매지심미세　　보살진미래제광대행주지
三昧智甚微細와 菩薩盡未來際廣大行住持

삼매지심미세　　보살출생무량차별삼매지
三昧智甚微細와 菩薩出生無量差別三昧智

심미세
甚微細니라

보살의 한량없고 두려움 없는 자리에서 일체 변재장으로 연설함이 매우 미세함과, 보살의 한량없는 삼매의 모습이 매우 미세함과, 보살의 일체 부처님을 보는 삼매의 지혜가 매우 미세함과, 보살의 매우 깊은 삼매의 지혜가 매우 미세함과, 보살의 큰 장엄 삼매의 지혜가 매우 미세함을 능히 안다.

보살의 법계 삼매의 지혜가 매우 미세함과, 보살의 크게 자재한 신통 삼매의 지혜가 매우 미세함과, 보살의 미래제가 다하도록 광대한 행에 머물러 유지하는 삼매의 지혜가 매우 미세함과, 보살의 한량없는 차별한 삼매를 출생

보살   출생일체제불전   근수공양   항
菩薩의 出生一切諸佛前하야 勤修供養하야 恒

불사리   삼매지심미세   보살   수행일체
不捨離하는 三昧智甚微細와 菩薩의 修行一切

심심광박무장무애삼매지심미세
甚深廣博無障無礙三昧智甚微細니라

보살   구경일체지지   주지행지지   대신통
菩薩의 究竟一切智地와 住持行智地와 大神通

지   결정의지   이예삼매지심미세
地와 決定義地에 離翳三昧智甚微細니라

여시등일체심미세   실능요지
如是等一切甚微細를 悉能了知하나라

이무착무박해탈심   수보현행   실지일
以無著無縛解脫心으로 修普賢行하야 悉知一

하는 지혜가 매우 미세함을 능히 안다.

보살의 일체 모든 부처님 앞에 출생하여 부지런히 공양을 닦아 항상 버리고 여의지 않는 삼매의 지혜가 매우 미세함과, 보살의 일체 매우 깊고 넓고 넓은 장애가 없고 걸림이 없는 삼매를 수행하는 지혜가 매우 미세함을 능히 안다.

보살의 구경의 일체지 자리와 행에 머물러 유지하는 지혜의 자리와 큰 신통의 자리와 결정한 이치의 자리에 끝까지 이르러 가림을 여의는 삼매의 지혜가 매우 미세함을 능히 안다.

이와 같은 등 일체 매우 미세함을 모두 능히 밝게 안다.

체 보 살 안 립 지 심 미 세   보 살 지 심 미 세   보
切菩薩安立智甚微細와 菩薩地甚微細와 菩

살 무 량 행 심 미 세   보 살 출 생 회 향 심 미 세
薩無量行甚微細와 菩薩出生迴向甚微細와

보 살 득 일 체 불 장 심 미 세
菩薩得一切佛藏甚微細니라

보 살 관 찰 지 심 미 세   보 살 신 통 원 력 심 미 세
菩薩觀察智甚微細와 菩薩神通願力甚微細와

보 살 연 설 삼 매 심 미 세   보 살 자 재 방 편 심 미
菩薩演說三昧甚微細와 菩薩自在方便甚微

세   보 살 인 심 미 세   보 살 일 생 보 처 심 미 세
細와 菩薩印甚微細와 菩薩一生補處甚微細와

보 살 생 도 솔 천 심 미 세   보 살 주 지 천 궁 심 미
菩薩生兜率天甚微細와 菩薩住止天宮甚微

세   보 살 엄 정 불 국 심 미 세
細와 菩薩嚴淨佛國甚微細니라

집착이 없고 속박이 없는 해탈심으로 보현행을 닦아서 일체 보살의 안립한 지혜가 매우 미세함과, 보살의 지위가 매우 미세함과, 보살의 한량없는 행이 매우 미세함과, 보살의 회향을 출생함이 매우 미세함과, 보살의 일체 부처님의 장을 얻음이 매우 미세함을 다 안다.

보살의 관찰하는 지혜가 매우 미세함과, 보살의 신통과 원력이 매우 미세함과, 보살의 연설하는 삼매가 매우 미세함과, 보살의 자재한 방편이 매우 미세함과, 보살의 도장이 매우 미세함과, 보살의 일생보처가 매우 미세함과, 보살의 도솔천에 나는 것이 매우 미세함과, 보살

보살관찰인중심미세   보살방대광명심미
菩薩觀察人中甚微細와 菩薩放大光明甚微

세   보살종족수승심미세   보살도량중회
細와 菩薩種族殊勝甚微細와 菩薩道場衆會

심미세   보살변일체세계수생심미세   보
甚微細와 菩薩徧一切世界受生甚微細와 菩

살   어일신   시현일체신명종심미세
薩의 於一身에 示現一切身命終甚微細니라

보살   입모태심미세   보살   주모태심미
菩薩의 入母胎甚微細와 菩薩의 住母胎甚微

세   보살   재모태중   자재시현일체법계
細와 菩薩의 在母胎中하야 自在示現一切法界

도량중회심미세   보살   재모태중   시현
道場衆會甚微細와 菩薩의 在母胎中하야 示現

일체불신력심미세   보살시현탄생사심미
一切佛神力甚微細와 菩薩示現誕生事甚微

의 천궁에 머무름이 매우 미세함과, 보살의 불국토를 청정히 장엄함이 매우 미세함을 다 안다.

보살의 인간 세상을 관찰함이 매우 미세함과, 보살의 큰 광명을 놓음이 매우 미세함과, 보살의 종족이 수승함이 매우 미세함과, 보살의 도량의 대중모임이 매우 미세함과, 보살의 일체 세계에 두루 태어남이 매우 미세함과, 보살의 한 몸에 일체 몸의 목숨 마침을 나타내 보임이 매우 미세함을 다 안다.

보살의 모태에 들어감이 매우 미세함과, 보살의 모태에 머무름이 매우 미세함과, 보살의 모태 가운데서 일체 법계 도량의 대중모임을

세
細니라

보살사자유행칠보지심미세　보살　시처
菩薩師子遊行七步智甚微細와 **菩薩**의 **示處**

왕궁교방편지심미세　보살　출가　수조
王宮巧方便智甚微細와 **菩薩**의 **出家**하야 **修調**

복행심미세　보살　보리수하　좌도량심미
伏行甚微細와 **菩薩**의 **菩提樹下**에 **坐道場甚微**

세　보살　파마군중　성아뇩다라삼먁삼
細와 **菩薩**의 **破魔軍衆**하야 **成阿耨多羅三藐三**

보리심미세
菩提甚微細니라

여래　좌보리좌방대광명　조시방계심미
如來의 **坐菩提座放大光明**하사 **照十方界甚微**

세　여래시현무량신변심미세　여래사자
細와 **如來示現無量神變甚微細**와 **如來師子**

자재하게 나타내 보임이 매우 미세함과, 보살의 모태 가운데서 일체 부처님의 위신력을 나타내 보임이 매우 미세함과, 보살의 탄생하는 일을 나타내 보임이 매우 미세함을 다 안다.

보살의 사자처럼 일곱 걸음을 다니는 지혜가 매우 미세함과, 보살의 왕궁에 거처함을 보이는 공교한 방편의 지혜가 매우 미세함과, 보살의 출가하여 조복하는 행을 닦음이 매우 미세함과, 보살의 보리수 아래의 도량에 앉음이 매우 미세함과, 보살의 마군의 무리들을 깨뜨리고 아뇩다라삼먁삼보리를 이루심이 매우 미세함을 다 안다.

후대열반심미세　　여래조복일체중생　　이
吼大涅槃甚微細와　如來調伏一切衆生호대　而

무소애심미세
無所礙甚微細니라

여래부사의자재력여금강보리심심미세
如來不思議自在力如金剛菩提心甚微細와

여래보호념일체세간경계심미세　　여래보
如來普護念一切世閒境界甚微細와　如來普

어일체세계　　시작불사　　　진미래겁　　　이
於一切世界에　施作佛事호대　盡未來劫토록　而

무휴식심미세　　여래무애신력주변법계심
無休息甚微細와　如來無礙神力周徧法界甚

미세
微細니라

여래어진허공계일체세계　　보현성불　　　조
如來於盡虛空界一切世界에　普現成佛하사　調

여래께서 보리좌에 앉아 큰 광명을 놓아 시방세계를 비추심이 매우 미세함과, 여래께서 한량없는 신통 변화를 나타내 보이심이 매우 미세함과, 여래께서 사자후하시고 크게 열반하심이 매우 미세함과, 여래께서 일체 중생을 조복하시되 걸리는 바가 없음이 매우 미세함을 다 안다.

여래의 부사의하게 자재한 힘과 금강 같은 보리심이 매우 미세함과, 여래께서 일체 세간의 경계를 널리 호념하심이 매우 미세함과, 여래께서 널리 일체 세계에서 불사를 짓되 미래 겁이 다하도록 쉬지 않으심이 매우 미세함과,

복중생심미세　　여래어일불신　　현무량불
伏衆生甚微細와　如來於一佛身에　現無量佛

신심미세　　여래어거래금삼세중　　개처도
身甚微細와　如來於去來今三世中에　皆處道

량자재지심미세
場自在智甚微細하니라

여시등일체미세　　실능요지　　성취청정
如是等一切微細를　悉能了知하야　成就淸淨하야

보능시현일체세간　　어염념중　　증장지
普能示現一切世間하며　於念念中에　增長智

혜　　원만불퇴　　선교방편　　수보살행
慧하야　圓滿不退하며　善巧方便으로　修菩薩行호대

무유휴식
無有休息하니라

성취보현회향지지　　구족일체여래공덕
成就普賢迴向之地하야　具足一切如來功德하며

여래의 걸림 없는 위신력이 법계에 두루하심이 매우 미세함을 다 안다.

여래께서 온 허공계의 일체 세계에서 성불함을 널리 나타내어 중생을 조복하심이 매우 미세함과, 여래께서 한 부처님의 몸에 한량없는 부처님의 몸을 나타내심이 매우 미세함과, 여래께서 과거와 미래와 현재의 삼세에서 모두 도량에 계시는 자재한 지혜가 매우 미세함을 다 안다.

이와 같은 등 일체 미세함을 다 능히 분명히 알고 청정함을 성취하여 일체 세간에 널리 능히 나타내 보이며, 생각생각 동안에 지혜를 증

영불염사보살소행　　출생보살현전경계
永不厭捨菩薩所行하야　出生菩薩現前境界하며

무량방편　개실청정
無量方便이　皆悉淸淨하니라

보욕안은일체중생　　수보살행　　성취보
普欲安隱一切衆生하며　修菩薩行하야　成就菩

살대위덕지　　득제보살심지낙욕　　획금
薩大威德地하며　得諸菩薩心之樂欲하야　獲金

강당회향지문　　출생법계제공덕장　　상
剛幢迴向之門하며　出生法界諸功德藏하야　常

위제불지소호념
爲諸佛之所護念하니라

입제보살심묘법문　　연설일체진실지의
入諸菩薩深妙法門하야　演說一切眞實之義하며

어법　선교　무소위실　기대서원　불
於法에　善巧하야　無所違失하며　起大誓願하야　不

장하고 원만하여 물러나지 않으며, 선교방편
으로 보살행을 닦되 휴식함이 없다.

보현의 회향하는 지위를 성취하여 일체 여래
의 공덕을 구족하며, 보살의 행할 바를 영원
히 싫어하거나 버리지 아니하여 보살의 앞에
나타나는 경계를 출생하며, 한량없는 방편이
모두 다 청정하다.

널리 일체 중생을 안온케 하려고 보살행을 닦
으며, 보살의 큰 위덕의 지위를 성취하여 모든
보살 마음의 욕락을 얻어서 금강당의 회향하
는 문을 얻으며, 법계의 모든 공덕장을 출생하
여 항상 모든 부처님의 호념하시는 바가 된다.

사중생   어일념중   진지일체심비심지경
捨衆生하며 於一念中에 盡知一切心非心地境

계지장   어비심처   시생어심   원리어
界之藏하며 於非心處에 示生於心하야 遠離語

언   안주지혜
言하고 安住智慧하나라

동제보살소행지행   이자재력   시성불
同諸菩薩所行之行하야 以自在力으로 示成佛

도   진미래제   무유휴식   일체세간
道호대 盡未來際토록 無有休息하며 一切世間의

중생겁수   망상언설지소건립   신통원력
衆生劫數와 妄想言說之所建立을 神通願力으로

실능시현
悉能示現하나라

모든 보살들의 깊고 묘한 법문에 들어가서 일체 진실한 뜻을 연설하며, 법에 매우 교묘하여 어기거나 잃는 바가 없으며, 큰 서원을 일으켜 중생들을 버리지 아니하며, 한 생각 동안에 일체 마음과 마음 아닌 자리의 경계의 장을 다 알고, 마음 아닌 곳에 마음이 남을 보여 언어를 멀리 여의고 지혜에 편안히 머무른다.

모든 보살들의 행하는 행과 같이 하여 자재한 힘으로 불도를 이룸을 보이되 미래제가 다 하도록 휴식이 없으며, 일체 세간의 중생과 겁수와 망상과 언설로써 건립하는 것을 신통과 원력으로 모두 능히 나타내 보인다.

이무착무박해탈심　　수보현행　　득일체
以無著無縛解脫心으로　修普賢行하야　得一切

중생계심미세지
衆生界甚微細智하나니라

소위중생계분별심미세지　　중생계언설심
所謂衆生界分別甚微細智와　衆生界言說甚

미세지　　중생계집착심미세지　　중생계이
微細智와　衆生界執著甚微細智와　衆生界異

류심미세지　　중생계동류심미세지
類甚微細智와　衆生界同類甚微細智니라

중생계무량취심미세지　　중생계부사의종
衆生界無量趣甚微細智와　衆生界不思議種

종분별소작심미세지　　중생계무량잡염심
種分別所作甚微細智와　衆生界無量雜染甚

미세지　　중생계무량청정심미세지
微細智와　衆生界無量淸淨甚微細智니라

집착이 없고 속박이 없는 해탈심으로 보현행을 닦아서 일체 중생계의 매우 미세한 지혜를 얻는다.

이른바 중생계 분별의 매우 미세한 지혜와 중생계 언설의 매우 미세한 지혜와 중생계 집착의 매우 미세한 지혜와 중생계 다른 부류의 매우 미세한 지혜와 중생계 같은 부류의 매우 미세한 지혜이다.

중생계 한량없는 갈래의 매우 미세한 지혜와 중생계의 부사의한 갖가지 분별로 짓는 바의 매우 미세한 지혜와 중생계의 한량없는 잡염의 매우 미세한 지혜와 중생계의 한량없는 청

여시등일체중생계경계심미세　어일념중
如是等一切衆生界境界甚微細를 於一念中에

능이지혜　개여실지　광섭중생　이위
能以智慧로 皆如實知하야 廣攝衆生하야 而爲

설법　개시종종청정법문　영수보살광
說法하며 開示種種淸淨法門하야 令修菩薩廣

대지혜　화신무량　견자환희　이지
大智慧하며 化身無量하야 見者歡喜하며 以智

일광　조보살심　영기개오　지혜자
日光으로 照菩薩心하야 令其開悟하야 智慧自

재
在하니라

이무착무박해탈심　위일체중생　어일
以無著無縛解脫心으로 爲一切衆生하야 於一

정함의 매우 미세한 지혜이다.

이와 같은 등 일체 중생계의 경계가 매우 미세함을 한 생각 가운데 능히 지혜로써 다 사실과 같이 알아서 중생들을 널리 거두고 위하여 법을 설하며, 갖가지 청정한 법문을 열어 보여서 보살의 광대한 지혜를 닦게 하며, 화신이 한량없어 보는 자들이 환희하며, 지혜의 햇빛으로 보살의 마음을 비추어 그들로 하여금 깨달아 지혜가 자재하게 한다.

집착이 없고 속박이 없는 해탈심으로 일체 중생을 위하여 일체 세계에서 보현행을 닦아

체세계　　수보현행　　　득진허공계법계일체
切世界_에 修普賢行_{하야} 得盡虛空界法界一切

세계심미세지
世界甚微細智_{하나니라}

소위소세계심미세지　　대세계심미세지
所謂小世界甚微細智_와 大世界甚微細智_와

잡염세계심미세지　　청정세계심미세지
雜染世界甚微細智_와 淸淨世界甚微細智_와

무비세계심미세지
無比世界甚微細智_{니라}

종종세계심미세지　　광세계심미세지　　협
種種世界甚微細智_와 廣世界甚微細智_와 狹

세계심미세지　　무애장엄세계심미세지
世界甚微細智_와 無礙莊嚴世界甚微細智_와

변일체세계불출현심미세지
徧一切世界佛出現甚微細智_{니라}

서 온 허공계와 법계 일체 세계의 매우 미세한 지혜를 얻는다.

이른바 작은 세계의 매우 미세한 지혜와, 큰 세계의 매우 미세한 지혜와, 섞여 물든 세계의 매우 미세한 지혜와, 청정한 세계의 매우 미세한 지혜와, 견줄 데 없는 세계의 매우 미세한 지혜이다.

갖가지 세계의 매우 미세한 지혜와, 넓은 세계의 매우 미세한 지혜와, 좁은 세계의 매우 미세한 지혜와, 걸림 없이 장엄한 세계의 매우 미세한 지혜와, 일체 세계에 두루 부처님께서 출현하시는 매우 미세한 지혜이다.

변일체세계설정법심미세지　변일체세계
徧一切世界說正法甚微細智와 **徧一切世界**

보현신심미세지　변일체세계방대광명심
普現身甚微細智와 **徧一切世界放大光明甚**

미세지　진일체세계시현제불자재신통심
微細智와 **盡一切世界示現諸佛自在神通甚**

미세지
微細智니라

진일체세계이일음성　　시일체음심미세
盡一切世界以一音聲으로 **示一切音甚微細**

지　입일체세계일체불찰도량중회심미세
智와 **入一切世界一切佛刹道場眾會甚微細**

지　이일체법계불찰　작일불찰심미세지
智와 **以一切法界佛刹**로 **作一佛刹甚微細智**와

이일불찰　작일체법계불찰심미세지
以一佛刹로 **作一切法界佛刹甚微細智**니라

일체 세계에 두루 바른 법을 설하는 매우 미세한 지혜와, 일체 세계에 두루 널리 몸을 나타내는 매우 미세한 지혜와, 일체 세계에 두루 큰 광명을 놓는 매우 미세한 지혜와, 일체 세계에 두루 모든 부처님의 자재한 신통을 나타내 보이는 매우 미세한 지혜이다.

온 일체 세계에 한 음성으로 일체 음성을 보이는 매우 미세한 지혜와, 일체 세계의 일체 부처님 세계 도량의 대중모임에 들어가는 매우 미세한 지혜와, 일체 법계의 부처님 세계로 한 부처님 세계를 짓는 매우 미세한 지혜와, 한 부처님 세계로 일체 법계의 부처님 세계를

지일체세계여몽심미세지　지일체세계여
知一切世界如夢甚微細智와　知一切世界如

상심미세지　지일체세계여환심미세지
像甚微細智와 知一切世界如幻甚微細智니라

여시요지　　출생일체보살지도　　입보현
如是了知하야 出生一切菩薩之道하야 入普賢

행지혜신통　구보현관　수보살행　무
行智慧神通하며 具普賢觀하고 修菩薩行하야 無

유휴식
有休息하나라

득일체불자재신변　구무애신　주무의
得一切佛自在神變하야 具無礙身하고 住無依

지　어제선법　무소취착　심지소행　실
智하며 於諸善法에 無所取著하며 心之所行이 悉

무소득
無所得하나라

짓는 매우 미세한 지혜이다.

일체 세계가 꿈과 같음을 아는 매우 미세한 지혜와, 일체 세계가 영상과 같음을 아는 매우 미세한 지혜와, 일체 세계가 환과 같음을 아는 매우 미세한 지혜이다.

이와 같이 밝게 알아서 일체 보살의 도를 출생하여 보현행의 지혜와 신통에 들어가서 보현관을 갖추고 보살행을 닦되 휴식함이 없다.

일체 부처님의 자재하신 신통 변화를 얻어서 걸림 없는 몸을 갖추고 의지함이 없는 지혜에 머무르며, 모든 선법에 취착하는 바가 없고 마음의 행하는 바가 모두 얻을 것이 없다.

어일체처　기원리상　　어보살행　기정수
於一切處에 起遠離想하며 於菩薩行에 起淨修

상　　어일체지　무취착상　　이제삼매　이
想하며 於一切智에 無取著想하며 以諸三昧로 而

자장엄　　지혜수순일체법계
自莊嚴하며 智慧隨順一切法界하나라

이무착무박해탈심　　입보현보살행문
以無著無縛解脫心으로 入普賢菩薩行門하야

득무량법계심미세지　연설일체법계심미
得無量法界甚微細智와 演說一切法界甚微

세지　입광대법계심미세지　　분별부사의
細智와 入廣大法界甚微細智와 分別不思議

법계심미세지
法界甚微細智니라

일체 처소에 멀리 여의는 생각을 일으키며, 보살행에 깨끗이 닦는다는 생각을 일으키며, 일체 지혜에 취하여 집착하는 생각이 없으며, 모든 삼매로 스스로 장엄하고 지혜로 일체 법계를 수순한다.

집착이 없고 속박이 없는 해탈심으로 보현보살의 행문에 들어가서 한량없는 법계의 매우 미세한 지혜와, 일체 법계를 연설하는 매우 미세한 지혜와, 광대한 법계에 들어가는 매우 미세한 지혜와, 부사의한 법계를 분별하는 매우 미세한 지혜를 얻는다.

분별일체법계심미세지　일념　변일체법
分別一切法界甚微細智와 一念에 徧一切法

계심미세지　보입일체법계심미세지　지
界甚微細智와 普入一切法界甚微細智와 知

일체법계무소득심미세지
一切法界無所得甚微細智니라

관일체법계무소애심미세지　지일체법계
觀一切法界無所礙甚微細智와 知一切法界

무유생심미세지　어일체법계　현신변심
無有生甚微細智와 於一切法界에 現神變甚

미세지
微細智하니라

여시등일체법계심미세　이광대지　개여
如是等一切法界甚微細를 以廣大智로 皆如

실지　어법자재　시보현행　영제중
實知하야 於法自在하며 示普賢行하야 令諸衆

일체 법계를 분별하는 매우 미세한 지혜와, 한 생각에 일체 법계에 두루하는 매우 미세한 지혜와, 널리 일체 법계에 들어가는 매우 미세한 지혜와, 일체 법계가 얻을 바 없음을 아는 매우 미세한 지혜를 얻는다.

일체 법계가 걸리는 바 없음을 관하는 매우 미세한 지혜와, 일체 법계가 남이 없음을 아는 매우 미세한 지혜와, 일체 법계에 신통 변화를 나타내는 매우 미세한 지혜를 얻는다.

이와 같은 등 일체 법계의 매우 미세함을 광대한 지혜로 다 사실과 같이 알아서 법에 자재하며 보현행을 보여서 모든 중생들로 하여

생   개실만족
生으로 皆悉滿足하니라

불사어의   불착어법   출생평등무애지
不捨於義하고 不著於法하야 出生平等無礙之

지   지무애본   부주일체법   불괴제법
智하야 知無礙本하며 不住一切法하고 不壞諸法

성   여실무염   유약허공
性하야 如實無染이 猶若虛空하니라

수순세간   기어언설   개진실의   시적
隨順世間하야 起於言說하야 開眞實義하고 示寂

멸성   어일체경   무의무주   무유분별
滅性하며 於一切境에 無依無住하고 無有分別하야

명견법계   광대안립   요제세간   급일체
明見法界의 廣大安立하며 了諸世間과 及一切

법   평등무이   이일체착
法이 平等無二하야 離一切著하니라

금 모두 다 만족케 한다.

　이치를 버리지 않고 법에 집착하지 아니하여 평등하고 걸림 없는 지혜를 출생하여 걸림이 없는 근본을 알며, 일체 법에 머무르지 않고 모든 법의 성품을 깨뜨리지 않고 실상과 같이 물들지 않음이 마치 허공과 같다.

　세간을 수순하여 언설을 일으키고 진실한 이치를 열고 적멸한 성품을 보이며, 일체 경계에 의지함도 없고 머무름도 없고 분별함도 없어서 법계가 광대하게 나란히 건립된 것을 분명히 보며, 모든 세간과 일체 법이 평등하고 둘이 없음을 알아서 일체 집착을 여읜다.

이무착무박해탈심　　수보현행　　생제겁
以無著無縛解脫心으로 修普賢行하야 生諸劫

심미세지
甚微細智하나니라

소위이불가설겁　　위일념심미세지　　이일
所謂以不可說劫으로 爲一念甚微細智와 以一

념　　위불가설겁심미세지　　이아승지겁
念으로 爲不可說劫甚微細智와 以阿僧祇劫으로

입일겁심미세지　　이일겁　　입아승지겁심
入一劫甚微細智와 以一劫으로 入阿僧祇劫甚

미세지
微細智니라

이장겁　　입단겁심미세지　　이단겁　　　입
以長劫으로 入短劫甚微細智와 以短劫으로 入

장겁심미세지　　입유불겁무불겁심미세지
長劫甚微細智와 入有佛劫無佛劫甚微細智와

집착이 없고 속박이 없는 해탈심으로 보현행을 닦아서 모든 겁의 매우 미세한 지혜를 낸다.

이른바 말할 수 없는 겁으로 한 생각을 삼는 매우 미세한 지혜와, 한 생각으로 말할 수 없는 겁을 삼는 매우 미세한 지혜와, 아승지겁으로 한 겁에 들어가는 매우 미세한 지혜와, 한 겁으로 아승지겁에 들어가는 매우 미세한 지혜이다.

긴 겁으로 짧은 겁에 들어가는 매우 미세한 지혜와, 짧은 겁으로 긴 겁에 들어가는 매우 미세한 지혜와, 부처님 있는 겁으로 부처님 없는 겁에 들어가는 매우 미세한 지혜와, 일체

지일체겁수심미세지
知一切劫數甚微細智니라

지일체겁비겁심미세지　일념중　견삼세
知一切劫非劫甚微細智와 **一念中**에 **見三世**

일체겁심미세지
一切劫甚微細智니라

여시등일체제겁심미세　이여래지　어일
如是等一切諸劫甚微細를 **以如來智**로 **於一**

념중　개여실지　득제보살원만행왕심
念中에 **皆如實知**하야 **得諸菩薩圓滿行王心**과

입보현행심
入普賢行心하니라

이일체분별이도희론심　발대원무해식심
離一切分別異道戲論心과 **發大願無懈息心**과

보견무량세계망　무량제불충만심　어제
普見無量世界網에 **無量諸佛充滿心**과 **於諸**

겁의 수효를 아는 매우 미세한 지혜이다.

일체 겁과 겁 아님을 아는 매우 미세한 지혜
와, 한 생각 동안에 삼세의 일체 겁을 보는 매
우 미세한 지혜이다.

이와 같은 등 일체 모든 겁의 매우 미세함을
여래의 지혜로써 한 생각 동안에 다 사실대로
알아서 모든 보살들의 원만한 행이 으뜸인 마
음과 보현행에 들어가는 마음을 얻는다.

일체 분별하는 이교도의 희론을 여의는 마
음과, 큰 원을 일으켜 게으르고 쉼이 없는 마
음과, 한량없는 세계그물에 한량없는 모든 부
처님께서 충만하심을 널리 보는 마음과, 모든

불선근제보살행　능문지심　어안위일체
佛善根諸菩薩行에 能聞持心과 於安慰一切

중생광대행　문이불망심
衆生廣大行에 聞已不忘心하나라

능어일체겁　현불출세심　어일일세계　진
能於一切劫에 現佛出世心과 於一一世界에 盡

미래제　행부동행무휴식심　어일체세계
未來際토록 行不動行無休息心과 於一切世界

중　이여래신업　충만보살신심
中에 以如來身業으로 充滿菩薩身心하나라

이무착무박해탈심　수보현행　성불퇴
以無著無縛解脫心으로 修普賢行하야 成不退

전　득일체법심미세지
轉하야 得一切法甚微細智하나니라

부처님의 선근과 모든 보살행을 능히 듣고 지니는 마음과, 일체 중생을 편안히 위로하는 광대한 행을 듣고는 잊지 않는 마음을 얻는다.

능히 일체 겁에 부처님께서 출세하심을 나타내는 마음과, 낱낱 세계에서 미래제가 다하도록 흔들리지 않는 행을 행하되 휴식함이 없는 마음과, 일체 세계에서 여래의 몸으로 짓는 업이 보살의 몸에 충만한 마음을 얻는다.

집착이 없고 속박이 없는 해탈심으로 보현행을 닦아서 불퇴전을 이루어 일체 법의 매우 미세한 지혜를 얻는다.

소위심심법심미세지　　광대법심미세지
所謂甚深法甚微細智와　廣大法甚微細智와

종종법심미세지　　장엄법심미세지　　일체
種種法甚微細智와　莊嚴法甚微細智와　一切

법무유량심미세지
法無有量甚微細智니라

일체법　입일법심미세지　　일법　입일체법
一切法이 入一法甚微細智와　一法이 入一切法

심미세지　　일체법　입비법심미세지　　무법
甚微細智와　一切法이 入非法甚微細智와　無法

중　　안립일체법　　이불상위심미세지　　입
中에 安立一切法호대 而不相違甚微細智와　入

일체불법방편무유여심미세지
一切佛法方便無有餘甚微細智니라

여시등일체세계일체언설소안립법제미세
如是等一切世界一切言說所安立法諸微細

이른바 매우 깊은 법의 매우 미세한 지혜와, 광대한 법의 매우 미세한 지혜와, 갖가지 법의 매우 미세한 지혜와, 장엄한 법의 매우 미세한 지혜와, 일체 법이 한량없음의 매우 미세한 지혜이다.

일체 법이 한 법에 들어가는 매우 미세한 지혜와, 한 법이 일체 법에 들어가는 매우 미세한 지혜와, 일체 법이 법 아님에 들어가는 매우 미세한 지혜와, 법이 없는 가운데 일체 법을 나란히 건립하되 서로 어기지 않는 매우 미세한 지혜와, 일체 불법의 방편에 들어가되 남음이 없는 매우 미세한 지혜이다.

지　　여피동등　　　기지무애　　　개여실지
智에 與彼同等하야 其智無礙하야 皆如實知하며

득입무변법계심　　　어일일법계　　　심심견
得入無邊法界心하야 於一一法界에 深心堅

주　　　성무애행
住하야 成無礙行하니라

이일체지　　충만제근　　　입제불지정념방
以一切智로 充滿諸根하야 入諸佛智正念方

편　　성취제불광대공덕　　　변만법계
便하며 成就諸佛廣大功德하야 徧滿法界하니라

보입일체제여래신　　　현제보살소유신업
普入一切諸如來身하야 現諸菩薩所有身業하며

수순일체세계언사　　　연설어법　　　득일체
隨順一切世界言辭하야 演說於法하며 得一切

불신력소가　　지혜의업　　　출생무량선교방
佛神力所加한 智慧意業으로 出生無量善巧方

이와 같은 등 일체 세계에 일체 언설로 안립한 바 법의 모든 미세한 지혜는 그들과 더불어 동등하고 그 지혜는 걸림이 없어 모두 사실대로 알며, 가없는 법계에 들어가는 마음을 얻어서 낱낱 법계에 깊은 마음으로 굳게 머물러 걸림 없는 행을 이룬다.

일체 지혜로 모든 근에 충만하여 모든 부처님의 지혜인 바른 생각의 방편에 들어가며, 모든 부처님의 광대한 공덕을 성취하여 법계에 두루 가득하다.

일체 모든 여래의 몸에 널리 들어가서 모든 보살들의 있는 바 신업을 나타내며, 일체 세계

편　　분별제법살바야지
便하야 分別諸法薩婆若智하나라

이무착무박해탈심　　수보현행　　출생일
以無著無縛解脫心으로 修普賢行하야 出生一

체심미세지
切甚微細智하나니라

소위지일체찰심미세지　　지일체중생심미
所謂知一切刹甚微細智와 知一切衆生甚微

세지　　지일체법과보심미세지　　지일체중
細智와 知一切法果報甚微細智와 知一切衆

생심심미세지　　지일체설법시심미세지
生心甚微細智와 知一切說法時甚微細智와

지일체법계심미세지
知一切法界甚微細智니라

의 말을 따라서 법을 연설하며, 일체 부처님의 위신력으로 가피한 바인 지혜의 의업으로 한량없는 선교방편을 출생하여 모든 법을 분별하는 살바야 지혜를 얻는다.

집착이 없고 속박이 없는 해탈심으로 보현행을 닦아서 일체 매우 미세한 지혜를 낸다.

이른바 일체 세계를 아는 매우 미세한 지혜와, 일체 중생을 아는 매우 미세한 지혜와, 일체 법의 과보를 아는 매우 미세한 지혜와, 일체 중생의 마음을 아는 매우 미세한 지혜와, 일체 설법하는 때를 아는 매우 미세한 지혜

지일체진허공계삼세심미세지　지일체어
知一切盡虛空界三世甚微細智와 知一切語

언도심미세지　지일체세간행심미세지
言道甚微細智와 知一切世間行甚微細智와

지일체출세행심미세지　내지지일체여래
知一切出世行甚微細智와 乃至知一切如來

도일체보살도일체중생도　심미세지　수
道一切菩薩道一切衆生道하는 甚微細智로 修

보살행　주보현도　약문약의　개여
菩薩行하고 住普賢道하야 若文若義를 皆如

실지
實知하나라

생여영지　생여몽지　생여환지　생여
生如影智하며 生如夢智하며 生如幻智하며 生如

향지　생여화지　생여공지　생적멸
響智하며 生如化智하며 生如空智하며 生寂滅

와, 일체 법계를 아는 매우 미세한 지혜이
다.

일체 온 허공계의 삼세를 아는 매우 미세한
지혜와, 일체 언어의 길을 아는 매우 미세한
지혜와, 일체 세간의 행을 아는 매우 미세한
지혜와, 일체 출세간의 행을 아는 매우 미세
한 지혜와, 내지 일체 여래의 도와 일체 보살
의 도와 일체 중생의 도를 아는 매우 미세한
지혜로 보살행을 닦고 보현의 도에 머물러서
글과 뜻을 모두 사실대로 안다.

그림자와 같은 지혜를 내며, 꿈과 같은 지혜
를 내며, 환과 같은 지혜를 내며, 메아리와 같

지   생일체법계지   생무소의지   생일
智하며 生一切法界智하며 生無所依智하며 生一

체불법지
切佛法智니라

불자   보살마하살   이무착무박해탈심회
佛子야 菩薩摩訶薩이 以無著無縛解脫心迴

향   불분별약세간   약세간법   불분별
向호대 不分別若世間과 若世間法하며 不分別

약보리   약보리살타   불분별약보살 행
若菩提와 若菩提薩埵하며 不分別若菩薩行과

약출리도   불분별약불   약일체불법
若出離道하며 不分別若佛과 若一切佛法하나라

은 지혜를 내며, 변화와 같은 지혜를 내며, 허공과 같은 지혜를 내며, 적멸한 지혜를 내며, 일체 법계의 지혜를 내며, 의지할 바 없는 지혜를 내며, 일체 불법의 지혜를 낸다.

불자들이여, 보살마하살이 집착이 없고 속박이 없는 해탈심으로 회향하되 세간과 세간법을 분별하지 않으며, 보리와 보리살타를 분별하지 않으며, 보살의 행과 벗어나는 도를 분별하지 않으며, 부처님과 일체 부처님의 법을 분별하지 않는다.

불분별약조복중생　　약불조복중생　　불분
不分別若調伏衆生과　若不調伏衆生하며　不分

별약선근　　약회향　　불분별약자약타
別若善根과　若迴向하며　不分別若自若他하며

불분별약시물　　약수시자　　불분별약보살
不分別若施物과　若受施者하며　不分別若菩薩

행　　약등정각　　불분별약법약지
行과　若等正覺하며　不分別若法若智니라

불자　　보살마하살　　이피선근　　여시회
佛子야　菩薩摩訶薩이　以彼善根으로　如是迴

향
向하나니라

중생을 조복함과 중생을 조복하지 않음을 분별하지 않으며, 선근과 회향을 분별하지 않으며, 자신과 다른 이를 분별하지 않으며, 보시하는 물품과 보시 받는 자를 분별하지 않으며, 보살의 행과 등정각을 분별하지 않으며, 법과 지혜를 분별하지 않는다.

불자들이여, 보살마하살이 저 선근으로 이와 같이 회향한다.

이른바 마음에 집착이 없고 속박이 없는 해탈과, 몸에 집착이 없고 속박이 없는 해탈과,

소위심무착무박해탈　　신무착무박해탈
所謂心無著無縛解脫과　身無著無縛解脫과

구무착무박해탈　　업무착무박해탈　　보무
口無著無縛解脫과　業無著無縛解脫과　報無

착무박해탈
著無縛解脫이니라

세간무착무박해탈　　불찰무착무박해탈
世間無著無縛解脫과　佛刹無著無縛解脫과

중생무착무박해탈　　법무착무박해탈　　지
衆生無著無縛解脫과　法無著無縛解脫과　智

무착무박해탈
無著無縛解脫이니라

보살마하살　여시회향시　여삼세제불　위
菩薩摩訶薩이　如是迴向時에　如三世諸佛이　爲

입에 집착이 없고 속박이 없는 해탈과, 업에 집착이 없고 속박이 없는 해탈과, 과보에 집착이 없고 속박이 없는 해탈이다.

세간에 집착이 없고 속박이 없는 해탈과, 부처님 세계에 집착이 없고 속박이 없는 해탈과, 중생에 집착이 없고 속박이 없는 해탈과, 법에 집착이 없고 속박이 없는 해탈과, 지혜에 집착이 없고 속박이 없는 해탈이다.

보살마하살이 이와 같이 회향할 때에 삼세의 모든 부처님께서 보살이 되었을 때에 닦으셨던 회향과 같이 회향을 행한다.

보살시 소수회향   이행회향
菩薩時_에 所修迴向_{하야} 而行迴向_{하니라}

학 과 거 제 불 회 향   성 미 래 제 불 회 향   주
學過去諸佛迴向_{하고} 成未來諸佛迴向_{하고} 住

현 재 제 불 회 향
現在諸佛迴向_{하니라}

안 주 과 거 제 불 회 향 도   불 사 미 래 제 불 회 향
安住過去諸佛迴向道_{하고} 不捨未來諸佛迴向

도   수 순 현 재 제 불 회 향 도
道_{하고} 隨順現在諸佛迴向道_{하니라}

근 수 과 거 제 불 교   성 취 미 래 제 불 교   요
勤修過去諸佛敎_{하고} 成就未來諸佛敎_{하고} 了

지 현 재 제 불 교
知現在諸佛敎_{하니라}

만 족 과 거 제 불 평 등   성 취 미 래 제 불 평 등
滿足過去諸佛平等_{하고} 成就未來諸佛平等_{하고}

과거 모든 부처님의 회향을 배우며, 미래 모든 부처님의 회향을 이루며, 현재 모든 부처님의 회향에 머무른다.

과거 모든 부처님의 회향의 도에 편안히 머무르며, 미래 모든 부처님의 회향의 도를 버리지 않으며, 현재 모든 부처님의 회향의 도를 수순한다.

과거 모든 부처님의 가르침을 부지런히 닦으며, 미래 모든 부처님의 가르침을 성취하며, 현재 모든 부처님의 가르침을 분명히 안다.

과거 모든 부처님의 평등을 만족하며, 미래

안주현재제불평등
安住現在諸佛平等하니라

행과거제불경계　　　주미래제불경계　　　등
行過去諸佛境界하고　**住未來諸佛境界**하고　**等**

현재제불경계
現在諸佛境界하니라

득삼세일체제불선근　　　구삼세일체제불종
得三世一切諸佛善根하며　**具三世一切諸佛種**

성　　　주삼세일체제불소행　　　순삼세일체
性하며　**住三世一切諸佛所行**하며　**順三世一切**

제불경계
諸佛境界하나니라

불자　시위보살마하살　제구무착무박해
佛子야　**是爲菩薩摩訶薩**의　**第九無著無縛解**

모든 부처님의 평등을 성취하며, 현재 모든 부처님의 평등에 편안히 머무른다.

과거 모든 부처님의 경계를 행하며, 미래 모든 부처님의 경계에 머무르며, 현재 모든 부처님의 경계와 평등하다.

삼세 일체 모든 부처님의 선근을 얻으며, 삼세 일체 모든 부처님의 종성을 갖추며, 삼세 일체 모든 부처님의 행하신 바에 머무르며, 삼세 일체 모든 부처님의 경계를 따른다.

불자들이여, 이것이 보살마하살의 아홉째 집착이 없고 속박이 없는 해탈심의 회향이

탈심회향
脫心迴向이니라

보살마하살   주차회향시   일체금강윤위
菩薩摩訶薩이 住此迴向時에 一切金剛輪圍

산   소불능괴   어일체중생중   색상제일
山의 所不能壞며 於一切衆生中에 色相第一이라

무능급자
無能及者이니라

실능최파제마사업   보현시방일체세계
悉能摧破諸魔邪業하고 普現十方一切世界하야

수보살행   위욕개오일체중생   이선방
修菩薩行하며 爲欲開悟一切衆生하야 以善方

편   설제불법   득대지혜   어제불법
便으로 說諸佛法하야 得大智慧하야 於諸佛法에

다.

　보살마하살이 이 회향에 머무를 때에 일체 금강윤위산이 무너뜨릴 수 없는 바이며, 일체 중생 가운데 색상이 제일이어서 능히 미칠 자가 없다.

　모든 마군의 삿된 업을 다 능히 꺾어 부수고 시방 일체 세계에 널리 나타나서 보살의 행을 닦으며, 일체 중생을 깨우치게 하려고 좋은 방편으로 모든 부처님의 법을 설하여 큰 지혜를 얻어서 모든 부처님의 법에 마음이 미혹함이 없으며, 태어나는 곳마다 다니거나 머무름에

심무미혹　　재재생처　　약행약주　　상득치
心無迷惑하며 在在生處의 若行若住에 常得値

우불괴권속
遇不壞眷屬하니라

삼세제불　　소설정법　　이청정념　　실능수
三世諸佛의 所說正法을 以淸淨念으로 悉能受

지　　　진미래겁　　　수보살행　　　상불휴식
持하며 盡未來劫토록 修菩薩行호대 常不休息하야

무소의착　　보현행원　　증장구족　　득일체
無所依著하며 普賢行願이 增長具足하야 得一切

지　　시작불사　　성취보살　　자재신통
智하야 施作佛事하야 成就菩薩의 自在神通이니라

무너지지 않는 권속을 항상 만난다.

삼세 모든 부처님께서 설하신 정법을 청정한 생각으로 다 능히 받아 지니며, 미래겁이 다하도록 보살행을 닦되 항상 휴식하지 아니하여 의지해 집착할 바가 없으며, 보현의 행원이 구족하게 증장하여 일체지를 얻으며, 불사를 베풀어 보살의 자재한 신통을 성취한다."

이시　　금강당보살　　승불신력　　보관시
爾時에 金剛幢菩薩이 承佛神力하사 普觀十

방　　　이설송언
方하고 而說頌言하시니라

보어시방무등존　　　　미증일기경만심
普於十方無等尊에　　 未曾一起輕慢心하고

수기소수공덕업　　　　역부공경생존중
隨其所修功德業하야　 亦復恭敬生尊重이로다

소수일체제공덕　　　　불위자기급타인
所修一切諸功德이　　 不爲自己及他人이라

항이최상신해심　　　　이익중생고회향
恒以最上信解心으로　 利益衆生故迴向이로다

그때에 금강당 보살이 부처님의 위신력을 받
들어 시방을 널리 살펴보고 게송을 설하여 말
씀하였다.

널리 시방에 같을 이 없는 존귀한 분께
일찍이 한 번도 소홀한 마음을 일으키지 않고
그 닦으신 바 공덕과 업을 따라서
또한 다시 공경하고 존중함을 내도다.

닦은 바 일체 모든 공덕이
자기와 다른 사람을 위하지 않고
항상 최상의 믿고 이해하는 마음으로써
중생들을 이익케 하려고 회향하도다.

미상잠기고만심
未嘗暫起高慢心하며

역부불생하열의
亦復不生下劣意하고

여래소유신등업
如來所有身等業을

피실청문근수습
彼悉請問勤修習이로다

소수종종제선근
所修種種諸善根이

실위이익제함식
悉爲利益諸含識이라

안주심심광대해
安住深心廣大解하야

회향인존공덕위
迴向人尊功德位로다

세간소유무량별
世閒所有無量別하니

종종선교기특사
種種善巧奇特事와

추세광대급심심
麁細廣大及甚深을

미불수행개요달
靡不修行皆了達이로다

일찍이 잠깐도 교만한 마음을 일으키지 않고
또한 다시 하열한 생각도 내지 않으며
여래의 있는 바 몸 등의 업을
그가 다 여쭈어 부지런히 닦아 익히도다.

닦은 바 갖가지 모든 선근은
다 모든 중생들을 이익케 하기 위함이니
깊은 마음과 광대한 이해에 편안히 머물러
존귀한 분의 공덕의 지위에 회향하도다.

세간에 있는 바가 한량없이 다르니
갖가지 선교와 기특한 일과
거칠고 미세하고 광대하고 매우 깊음을
수행하여 모두 밝게 통달하지 않음이 없도다.

세간소유종종신　　　　　이신평등입기중
世間所有種種身에　　　　以身平等入其中하야

어차수행득료오　　　　　혜문성취무퇴전
於此修行得了悟하니　　慧門成就無退轉이로다

세간국토무량종　　　　　미세광대앙복별
世間國土無量種이라　　微細廣大仰覆別이어든

보살능이지혜문　　　　　일모공중무불견
菩薩能以智慧門으로　　一毛孔中無不見이로다

중생심행무유량　　　　　능령평등입일심
衆生心行無有量을　　　能令平等入一心하고

이지혜문실개오　　　　　어소수행불퇴전
以智慧門悉開悟하야　　於所修行不退轉이로다

세간의 있는 바 갖가지 몸에
몸으로 평등하게 그 가운데 들어가서
이에 수행하여 밝게 깨달음을 얻으니
지혜 문을 성취하여 퇴전함이 없도다.

세간의 국토가 한량없는 종류라
미세하고 광대함과 잦혀지고 엎어짐이 다른데
보살이 능히 지혜의 문으로
한 모공 가운데 보지 못함이 없도다.

중생의 마음과 행이 한량없음을
능히 평등하게 한 마음에 들게 하고
지혜의 문으로 다 열어 깨우쳐
수행하는 일에서 퇴전하지 않도다.

중생제근급욕락
衆生諸根及欲樂이

상중하품각부동
上中下品各不同하야

일체심심난가지
一切甚深難可知어늘

수기본성실능료
隨其本性悉能了로다

중생소유종종업
衆生所有種種業의

상중하품각차별
上中下品各差別을

보살심입여래력
菩薩深入如來力하야

이지혜문보명견
以智慧門普明見이로다

불가사의무량겁
不可思議無量劫을

능령평등입일념
能令平等入一念하고

여시견이변시방
如是見已徧十方하야

수행일체청정업
修行一切淸淨業이로다

중생들의 모든 근과 욕락이
상 · 중 · 하품으로 각각 같지 아니하고
일체가 매우 깊어 알기 어려우나
그 본성을 따라서 모두 능히 밝게 알도다.

중생에게 있는 바 갖가지 업의
상 · 중 · 하품으로 각각 차별함을
보살이 여래의 힘에 깊이 들어가
지혜의 문으로써 널리 밝게 보도다.

불가사의한 한량없는 겁을
능히 평등하게 한 생각에 들게 하니
이와 같이 보고서 시방에 두루하여
일체 청정한 업을 닦아 행하도다.

과거미래급현재
過去未來及現在를

요지기상각부동
了知其相各不同호대

이역불위평등리
而亦不違平等理하니

시즉대심명달행
是則大心明達行이로다

세간중생행부동
世間衆生行不同하야

혹현혹은무량종
或顯或隱無量種이어늘

보살실지차별상
菩薩悉知差別相하며

역지기상개무상
亦知其相皆無相이로다

시방세계일체불
十方世界一切佛의

소현자재신통력
所現自在神通力이

광대난가득사의
廣大難可得思議어늘

보살실능분별지
菩薩悉能分別知로다

과거와 미래와 그리고 현재를

그 모양이 각각 같지 않음을 분명히 알되

또한 평등한 이치를 어기지 않으니

이것이 곧 큰마음 가진 이의 밝게 통달한 행이로다.

세간 중생들의 행이 같지 아니하여

혹 나타나고 혹 숨고 한량없는 종류인데

보살이 차별상을 모두 알며

또한 그 모양이 다 모양 없음을 알도다.

시방세계의 일체 부처님께서

나타내신 바 자재하고 신통한 힘이

넓고 커서 사의하기 어려운데

보살이 다 능히 분별하여 알도다.

일체세계도솔중
一切世界兜率中에

자연각오인사자
自然覺悟人師子의

공덕광대정무등
功德廣大淨無等을

여기체상실능견
如其體相悉能見이로다

혹현강신처모태
或現降神處母胎와

무량자재대신변
無量自在大神變과

성불설법시멸도
成佛說法示滅度하야

보변세간무잠이
普徧世間無暫已로다

인중사자초생시
人中師子初生時에

일체승지실승봉
一切勝智悉承奉하며

제천제석범왕등
諸天帝釋梵王等이

미불공경이첨시
靡不恭敬而瞻侍로다

일체 세계의 도솔천 가운데서
자연히 깨달으신 사람 가운데 사자의
공덕이 광대하고 청정함이 같을 이 없음을
그 체상과 같이 모두 능히 보도다.

혹 내려와서 모태에 듦과
한량없이 자재한 큰 신통 변화와
성불하여 설법하고 멸도를 보이시어
널리 세간에 두루하여 잠깐도 마침이 없도다.

사람 가운데 사자가 처음 태어나실 때에
일체 수승한 지혜 있는 이가 모두 받들며
모든 천제석과 범왕들이
공경하고 우러러 모시지 않음이 없도다.

시방일체무유여
十方一切無有餘한

무량무변법계중
無量無邊法界中에

무시무말무하이
無始無末無遐邇히

시현여래자재력
示現如來自在力이로다

인중존도현생이
人中尊導現生已에

유행제방각칠보
遊行諸方各七步하고

욕이묘법오군생
欲以妙法悟群生일새

시고여래보관찰
是故如來普觀察이로다

견제중생침욕해
見諸衆生沈欲海하야

맹암우치지소부
盲暗愚癡之所覆하고

인중자재현미소
人中自在現微笑하사

염당구피삼유고
念當救彼三有苦로다

시방의 일체 남음이 없는
한량없고 가없는 법계 가운데
처음도 없고 끝도 없고 멀고 가까움도 없이
여래의 자재하신 힘을 나타내 보이도다.

사람 가운데 높은 도사가 탄생하시고서
모든 방향으로 각각 일곱 걸음 걸으시고
묘한 법으로 중생들을 깨우치시고자
그러므로 여래께서 널리 관찰하시도다.

모든 중생들이 욕망바다에 빠져서
눈멀어 어두움과 어리석음에 덮인 것을 보시고
사람 가운데 자재하신 분이 미소 지어서
마땅히 저 삼유의 고통에서 구하려 하시도다.

대사자후출묘음
大師子吼出妙音호대

아위세간제일존
我爲世間第一尊이니

응연명정지혜등
應然明淨智慧燈하야

멸피생사우치암
滅彼生死愚癡闇이로다

인사자왕출세시
人師子王出世時에

보방무량대광명
普放無量大光明하사

영제악도개휴식
令諸惡道皆休息하야

영멸세간중고난
永滅世間衆苦難이로다

혹시시현처왕궁
或時示現處王宮하며

혹현사가수학도
或現捨家修學道하시니

위욕요익중생고
爲欲饒益衆生故로

시기여시자재력
示其如是自在力이로다

큰 사자후로 미묘한 소리를 내시어
'내가 세간에서 제일 높다'라고 하시니
마땅히 밝고 청정한 지혜의 등불을 밝혀
저 생사의 어리석음의 어두움을 없애시도다.

사람 가운데 사자왕이 세상에 출현하실 때
한량없는 큰 광명을 널리 놓으셔서
모든 악도를 다 쉬게 하시고
세간의 온갖 고난을 길이 없애시도다.

어느 때는 왕궁에 계심을 나타내 보이시고
혹은 집을 버리고 도를 수학함을 나타내시니
중생들을 요익하게 하시기 위하여
그들에게 이와 같이 자재한 힘을 보이시도다.

여래시좌도량시
如來始坐道場時에

일체대지개동요
一切大地皆動搖하야

시방세계실몽광
十方世界悉蒙光하며

육취중생함이고
六趣衆生咸離苦로다

진동일체마궁전
震動一切魔宮殿하며

개오시방중생심
開悟十方衆生心의

석증수화급수행
昔曾受化及修行하야

개사요지진실의
皆使了知眞實義로다

시방소유제국토
十方所有諸國土를

실입모공무유여
悉入毛孔無有餘하고

일체모공찰무변
一切毛孔刹無邊에

어피보현신통력
於彼普現神通力이로다

여래께서 도량에 처음 앉으실 때

일체 대지가 모두 요동하며

시방세계가 다 광명을 입어

여섯 갈래 중생들이 다 고통을 여의도다.

일체 마의 궁전을 진동하여

시방의 중생들 마음을 깨우치시니

옛적에 일찍이 교화 받고 수행하여

다 진실한 이치를 밝게 알게 하시도다.

시방에 있는 모든 국토가

모두 모공에 들어가 남음이 없고

일체 모공의 세계가 가없는데

그곳에 신통력을 널리 나타내시도다.

일체제불소개연
一切諸佛所開演한

무량방편개수오
無量方便皆隨悟하며

설제여래소불설
設諸如來所不說이라도

역능해료근수습
亦能解了勤修習이로다

변만삼천대천계
徧滿三千大千界한

일체마군흥투쟁
一切魔軍興鬪諍하야

소작무량종종악
所作無量種種惡을

무애지문능실멸
無礙智門能悉滅이로다

여래혹재제불찰
如來或在諸佛刹하며

혹부현처제천궁
或復現處諸天宮하며

혹재범궁이현신
或在梵宮而現身을

보살실견무장애
菩薩悉見無障礙로다

일체 모든 부처님께서 연설하신 바
한량없는 방편을 모두 따라 깨달으며
설령 모든 여래께서 설하시지 않은 것이라도
또한 능히 분명히 이해하고 부지런히 닦아 익히도다.

삼천대천세계에 두루 가득한
일체 마군들이 투쟁을 일으켜
지은 바 한량없는 갖가지 악을
걸림 없는 지혜의 문으로 능히 다 없애도다.

여래께서 혹은 모든 불세계에 계시고
혹은 다시 모든 천궁에 계심을 나타내며
혹은 범천의 궁전에 몸을 나타내심을
보살이 다 친견하되 장애가 없도다.

불현무량종종신
佛現無量種種身하사

전어청정묘법륜
轉於淸淨妙法輪하시니

내지삼세일체겁
乃至三世一切劫에

구기변제불가득
求其邊際不可得이로다

보좌고광최무등
寶座高廣最無等하야

변만시방무량계
徧滿十方無量界호대

종종묘상이장엄
種種妙相而莊嚴이어든

불처기상난사의
佛處其上難思議로다

제불자중공위요
諸佛子衆共圍遶하야

진어법계실주변
盡於法界悉周徧이어든

개시보리무량행
開示菩提無量行하나니

일체최승소유도
一切最勝所由道로다

부처님께서 한량없는 갖가지 몸을 나타내시어
청정하고 미묘한 법륜을 굴리시니
내지 삼세의 일체 겁 동안
그 끝을 구하여도 얻을 수 없도다.

보배자리가 높고 넓어 최상이고 같음이 없어
시방의 한량없는 세계에 두루 가득하며
갖가지 미묘한 모양으로 장엄했는데
부처님께서 그 위에 앉으시니 사의하기 어렵도다.

모든 불자 대중들이 함께 둘러 모시고
온 법계에 모두 두루한데
보리의 한량없는 행을 열어 보이시니
일체 가장 수승한 이의 말미암은 바 도이로다.

제불수의소작업　　무량무변등법계
諸佛隨宜所作業이　　無量無邊等法界어늘

지자능이일방편　　일체요지무부진
智者能以一方便으로　　一切了知無不盡이로다

제불자재신통력　　시현일체종종신
諸佛自在神通力으로　　示現一切種種身하사대

혹현제취무량생　　혹현채녀중위요
或現諸趣無量生하며　　或現采女衆圍遶로다

혹어무량제세계　　시현출가성불도
或於無量諸世界에　　示現出家成佛道하시며

내지최후반열반　　분포기신기탑묘
乃至最後般涅槃이어시든　　分布其身起塔廟로다

모든 부처님께서 마땅함을 따라 지으시는 바 업이
한량없고 가없어 법계와 평등한데
지혜 있는 자는 능히 한 방편으로
일체를 밝게 알아 다하지 못함이 없도다.

모든 부처님의 자재하고 신통한 힘으로
일체 갖가지 몸을 나타내 보이시니
혹은 모든 갈래에 한량없이 태어남을 나타내시며
혹은 채녀 대중이 둘러싸 있음을 나타내시도다.

혹은 한량없는 모든 세계에서
출가하여 불도 이룸을 나타내 보이시며
내지 최후에는 열반에 드시니
그 몸을 분포하여 탑묘를 세우도다.

여시종종무변행
如是種種無邊行이

도사연설불소주
導師演說佛所住라

세존소유대공덕
世尊所有大功德을

서원수행실령진
誓願修行悉令盡이로다

이피선근회향시
以彼善根迴向時에

주어여시방편법
住於如是方便法하야

여시수습보리행
如是修習菩提行호대

기심필경무염태
其心畢竟無厭怠로다

여래소유대신통
如來所有大神通과

급이무변승공덕
及以無邊勝功德과

내지세간제지행
乃至世間諸智行을

일체실지무부진
一切悉知無不盡이로다

이와 같이 갖가지 가없는 행이
도사가 연설한 부처님의 머무르신 바라
세존께서 지니신 큰 공덕을
수행하여 모두 다하게 하기를 서원하도다.

저 선근으로 회향할 때에
이와 같은 방편의 법에 머물러서
이와 같이 보리행을 닦아 익히되
그 마음이 필경에 게으르지 않도다.

여래께서 가지신 큰 신통과
그리고 가없는 수승한 공덕과
내지 세간의 모든 지혜의 행을
일체를 모두 알아 다하지 않음이 없도다.

여시일체인중주
如是一切人中主의

수기소유제경계
隨其所有諸境界를

어일념중개요오
於一念中皆了悟호대

이역불사보리행
而亦不捨菩提行이로다

제불소유미세행
諸佛所有微細行과

급일체찰종종법
及一切刹種種法을

어피실능수순지
於彼悉能隨順知하야

구경회향도피안
究竟迴向到彼岸이로다

유수무수일체겁
有數無數一切劫을

보살요지즉일념
菩薩了知即一念하고

어차선입보리행
於此善入菩提行하야

상근수습불퇴전
常勤修習不退轉이로다

이와 같이 일체 사람 가운데 주인의
그 있는 바를 따르는 모든 경계를
한 생각 동안에 다 밝게 깨닫되
또한 보리행을 버리지 않도다.

모든 부처님께서 지니신 미세한 행과
일체 세계의 갖가지 법을
그것에 다 능히 수순하여 알아서
구경에 회향하여 피안에 이르도다.

수있고 수없는 일체 겁을
보살은 곧 일념인 줄 분명히 알고
이에 보리행에 잘 들어가서
항상 부지런히 닦아 익혀 퇴전하지 않도다.

시방소유무량찰
十方所有無量刹의

혹유잡염혹청정
或有雜染或淸淨과

급피일체제여래
及彼一切諸如來를

보살실능분별지
菩薩悉能分別知로다

어염념중실명견
於念念中悉明見

불가사의무량겁
不可思議無量劫하고

여시삼세무유여
如是三世無有餘하야

구족수치보살행
具足修治菩薩行이로다

어일체심평등입
於一切心平等入하고

입일체법역평등
入一切法亦平等하며

진공불찰사역연
盡空佛刹斯亦然하니

피최승행실요지
彼最勝行悉了知로다

시방에 있는 바 한량없는 세계의
혹은 물들고 혹은 청정함과
그리고 그 일체 모든 여래를
보살이 모두 능히 분별하여 알도다.

생각생각 동안에
불가사의한 한량없는 겁을 다 분명히 보고
이와 같이 삼세에 남김이 없이
구족하게 보살행을 닦아 다스리도다.

일체의 마음에 평등하게 들어가고
일체의 법에 들어감도 또한 평등하며
온 허공의 부처님 세계에도 이 또한 그러하니
저 가장 수승한 행을 모두 밝게 알도다.

출생중생급제법
出生衆生及諸法의

소유종종제지혜
所有種種諸智慧하며

보살신력역부연
菩薩神力亦復然하니

여시일체무궁진
如是一切無窮盡이로다

제미세지각차별
諸微細智各差別을

보살진섭무유여
菩薩盡攝無有餘하야

동상이상실선지
同相異相悉善知하고

여시수행광대행
如是修行廣大行이로다

시방무량제불찰
十方無量諸佛刹에

기중중생각무량
其中衆生各無量하니

취생족류종종수
趣生族類種種殊를

주행력이실능지
住行力已悉能知로다

중생과 모든 법의

있는 바 갖가지 모든 지혜를 출생하며

보살의 위신력도 또한 다시 그러하니

이와 같이 일체가 끝까지 다함이 없도다.

모든 미세한 지혜가 각각 차별함을

보살이 남김없이 다 거두어

같은 모양과 다른 모양을 모두 잘 알아서

이와 같이 광대한 행을 닦아 행하도다.

시방의 한량없는 모든 부처님 세계

그 가운데 중생들이 각각 한량이 없으니

갈래에 태어나는 족류가 갖가지로 다름을

머무름과 행의 힘으로 이미 다 능히 알도다.

과거미래현재세
過去未來現在世에

소유일체제도사
所有一切諸導師를

약인지차이회향
若人知此而迴向하면

즉여피불행평등
則與彼佛行平等이로다

약인능수차회향
若人能修此迴向하면

즉위학불소행도
則爲學佛所行道니

당득일체불공덕
當得一切佛功德과

급이일체불지혜
及以一切佛智慧로다

일체세간막능괴
一切世間莫能壞라

일체소학개성취
一切所學皆成就하고

상능억념일체불
常能憶念一切佛하야

상견일체세간등
常見一切世間燈이로다

과거와 미래와 현재의 세상에
계시는 바 일체의 모든 도사들을
만약 어떤 사람이 이를 알고 회향하면
저 부처님과 행이 평등하리라.

만약 어떤 사람이 능히 이 회향을 닦으면
곧 부처님께서 행하신 도를 배우게 되니
마땅히 일체 부처님의 공덕과
일체 부처님의 지혜를 얻게 되리라.

일체 세간이 깨뜨릴 수 없으며
일체 배울 것을 다 성취하고
항상 능히 일체 부처님을 생각하여
항상 일체 세간의 등불을 보도다.

보살승행불가량
菩薩勝行不可量이며

제공덕법역여시
諸功德法亦如是하니

이주여래무상행
已住如來無上行하야

실지제불자재력
悉知諸佛自在力이로다

〈大方廣佛華嚴經 卷第三十一〉

보살의 수승한 행은 헤아릴 수 없으며
모든 공덕의 법도 또한 이와 같으니
이미 여래의 위없는 행에 머물러서
모든 부처님의 자재하신 힘을 다 알도다.

〈대방광불화엄경 제31권〉

大方廣佛華嚴經

부록

•

대방광불화엄경 목차

•

간행사

대방광불화엄경
목차

간 행 사

　귀의삼보 하옵고,

　『대방광불화엄경』의 수지 독송과 유통을 발원하면서 수미정사 불전연구원에서 『독송본 한문·한글역 대방광불화엄경』과 『사경본 한글역 대방광불화엄경』을 편찬하여 간행하게 되었습니다.

　『화엄경』은 우리나라에 전래된 이래 일찍부터 사경되고 주석·강설되어 왔으며 근현대에 이르러서는 『화엄경』의 한글 번역과 연구도 부쩍 많이 이루어졌습니다. 그만큼 『화엄경』이 우리 불자님들의 신행과 해탈에 큰 의지처가 되었던 것임을 알 수 있습니다.

　『화엄경』을 독송하고 사경하는 공덕은 설법 공덕과 함께 크게 강조되어 왔습니다. 그리하여 수미정사 불전연구원에서도 『화엄경』(80권)을 독송하고 사경하는 데 도움이 되도록 한문 원문과 한글역을 함께 수록한 독송본과 한글역의 사경본 『화엄경』 간행불사를 발원하였습니다. 이 『화엄경』 간행불사에 뜻을 같이하여 적극 후원해주신 스님들과 재가 불자님들께 깊이 감사드립니다. 또한 『화엄경』을 수지 독송할 수 있도록 경책의 모습으로 장엄해 주신 편집위원들과 담앤북스 출판사 관계자들께도 고마움을 표합니다.

　끝으로 이 불사의 원만 회향으로 『화엄경』이 널리 유통되고, 온 법계에 부처님의 가피가 충만하시길 기원드립니다.

　나무 대방광불화엄경

불기 2564년 '부처님오신날'을 봉축하며

수미해주 합장

위태천신(동진보살)

수미해주 須彌海住

동국대학교 명예교수
중앙승가대학교 법인이사
대한불교조계종 수미정사 주지

독송본 한문 · 한글역
대방광불화엄경 제31권

| **초판 1쇄 발행**_ 2022년 12월 24일

| **엮은이**_ 수미해주
| **엮은곳**_ 수미정사 불전연구원
| **편집위원**_ 해주 수정 경진 선초 정천 석도 박부람 치원섭
| **년십보**_ 무이 무진 지욱 혜명

| **펴낸이**_ 오세룡
| **펴낸곳**_ 담앤북스
　　　　　서울특별시 종로구 새문안로3길 23 경희궁의 아침 4단지 805호
　　　　　대표전화 02)765-1251　전자우편 damnbooks@hanmail.net
　　　　　출판등록 제300-2011-115호
| ISBN_ 979-11-6201-379-3　04220

정가 15,000원